墨香财经学术文库

“十二五”辽宁省重点图书出版规划项目

Research on CFO Core Competence and the Decision of Financial Flexibility

高智林 ◎ 著

CFO核心胜任能力与财务弹性决策研究

东北财经大学出版社
Dongbei University of Finance & Economics Press
大连

图书在版编目（CIP）数据

CFO核心胜任能力与财务弹性决策研究 / 高智林著. —大连：东北财经大学出版社，2022.10

（墨香财经学术文库）

ISBN 978-7-5654-4492-0

Ⅰ. C… Ⅱ. 高… Ⅲ. 企业管理-财务管理-研究 Ⅳ. F275

中国版本图书馆CIP数据核字（2022）第040878号

东北财经大学出版社出版发行

大连市黑石礁尖山街217号 邮政编码 116025

网 址：http：//www.dufep.cn

读者信箱：dufep @ dufe.edu.cn

大连永盛印业有限公司印刷

幅面尺寸：170mm×240mm 字数：201千字 印张：13.75 插页：1

2022年10月第1版 2022年10月第1次印刷

责任编辑：李 彬 王 娟 责任校对：魏 巍 刘东威

封面设计：冀贵收 版式设计：原 皓

定价：48.00元

教学支持 售后服务 联系电话：（0411）84710309

如有印装质量问题，请联系营销部：（0411）84710711

前言

CFO（首席财务官或总会计师）作为企业战略决策的参与者、财务管理与财务治理的领导者、资本经营与资本运作的主导者，在应对企业战略转型、投资决策、融资方案、资本运筹以及企业重大决策事件时发挥着重大作用。CFO是企业价值管理、价值创造和风险管控的中枢，是CEO的战略合作伙伴，更是运用财务契约工具协调并解决公司治理中代理问题的有效载体，在现代公司治理框架下发挥着财务监督和战略支持基本职能，以股东价值最大化为导向实施战略决策和公司管理等行为。其中，CFO的核心胜任能力是实现CFO职能目标的基础，是决定其能否完成企业赋予的职责，实现企业长期发展目标的关键所在。

财务决策是企业战略决策和财务管理的核心。在复杂多变的竞争环境中，如何及时调整企业的财务政策与财务行为，如何低成本获取充裕的资金以满足企业生存和发展的需要，制定科学合理的财务弹性储备策略，以抵御不确定性带来的风险，避免陷入财务困境，已成为企业生存和发展的重要问题和关键环节。权变财务理论认为，不确定性是状态、行为与结果的分布函数。由于环境的不确定性，企业的财务主体要使财务运作系统与所处的财务环境保持动态协调，也正是环境的不确定性不可避免，才使企业的财务弹性更具有价值效应。财务弹性已成为企业的核心竞争力之一，是企业实施风险管理的重要措施，储备合理的财务弹性水平已成为企业普遍的财务政策和战略选择。风险控制界有句名言：用风险管理把握环境的不确定性，用内部控制增强企业的确定性，用公司治理加强公司的稳定性。

综观有关财务弹性的研究，大多集中在财务弹性对企业投融资行为决策的影响方面，很少考虑到核心高管的作用。本书重点定位CFO这一角色，减少了因职权界定不同带来的研究噪声。从CFO在公司管理和公司治理中扮演的角色入手，在梳理并界定CFO以及核心胜任能力、财务弹性的基础上，重点考察了CFO核心胜任能力对财务弹性决策的影响效应。CFO核心胜任能力是实现其职能目标的基础，即CFO核心胜任能力能够助推其履行职责，有效发挥财务监督和战略支持职能，从而更好地服务于企业，使企业在正确的轨道上健康发展。

一方面，CFO在规范信息披露、降低信息不对称方面发挥着重要的主导作用，有利于缓解资金提供者与企业之间的资源无法有效配置和使用的问题，进而降低企业未来融资成本，改善公司治理效率；另一方面，CFO主导企业的财务运作体系，更多关注企业资金的运动，他们掌握企业的财务风险、成本和价值，通过提高投资效率，未来获得潜在现金流，降低企业财务风险，实现企业财务战略。CFO能够凭借其能力和地位提供更多筹资渠道，帮助企业以较低的成本获取外部融资，缓解融资约束，提高融资效率，最终提高企业资本配置效率。

为此，本书围绕CFO核心胜任能力对财务弹性的影响，从作用机制、经济后果方面展开研究。首先，通过构建相关理论模型，分析CFO核心胜任能力对财务弹性决策的影响效应，本书选取了沪深两市A股上市公司2009—2018年数据为研究样本，对其进行了实证检验。其次，从产品市场和资本市场角度出发，引入企业截面特征差异，将其嵌入CFO核心胜任能力影响企业财务弹性的研究中，从理论上剖析企业产品市场地位、融资约束程度对CFO核心胜任能力与企业财务弹性的影响效应。最后，系统考察了CFO核心胜任能力对企业财务弹性决策的经济后果，基于企业财务弹性的竞争效应和价值效应视角，检验CFO核心胜任能力对企业财务弹性竞争效应和价值效应的影响。通过研究，得出以下主要结论：

第一，CFO核心胜任能力与企业财务弹性水平呈负相关关系，即CFO核心胜任能力强的企业，往往倾向于储备较低的财务弹性，也就是释放企业财务弹性；相对于非国有企业而言，国有企业的CFO核心胜任能力强度对财务弹性的负向影响更加显著，主要是由于国有企业的CFO有着特殊的地位和功能，核心胜任能力强的CFO缓解融资约束的能力更易施展，CFO核心胜任能力对财务弹性决策结果的影响较大；在对财务弹性样本进行不同的划分时研究发现，当企业面临的融资约束程度较严重以及面临的投资机会较好时，CFO核心胜任能力对企业财务弹性水平的负向影响更显著；CFO核心胜任能力对负债融资弹性的负向影响效应较明显，核心胜任能力较强的CFO，确实可以通过缓解公司代理冲突和融资约束来降低企业财务弹性水平。

第二，从产品市场和资本市场角度出发，引入企业截面特征（产品市场地位和融资约束），从理论上剖析这些因素对CFO核心胜任能力与财务弹性决策两者间的影响。产品市场竞争地位在CFO核心胜任能力与财务弹性之间发挥着调节效应，当企业的产品市场地位较高时，CFO核心胜任能力使企业具有更强的外部融资能力，降低了企业储备财务弹性水平，弱化了企业通过现金持有获得财务弹性；融资约束在CFO核心胜任能力与财务弹性之间发挥着中介传导机制，CFO核心胜任能力与融资约束都是财务弹性的影响因素，在企业财务弹性决策的过程中，影响因素融资约束作为一个中介变量影响企业财务弹性。

第三，考察了CFO核心胜任能力对企业财务弹性决策竞争效应及价值效应的影响。在财务弹性决策的竞争效应方面，企业财务弹性决策具有市场竞争效应，即企业储备的财务弹性对企业的市场业绩产生显著的正向影响。CFO核心胜任能力强度具有显著的强化作用，即随着CFO核心胜任能力强度的增加，企业财务弹性决策的竞争效应呈现递增趋势；在财务弹性决策的价值效应方面，已有研究认为企业储备的财务弹性对企业价值存在正效应，而且在危机期间表现得更显著，但也有表现为负效应的情况，本书通过刻画财务弹性收益和成本相权衡的综合模型，提出财务弹性与企业价值的非线性关系模型，检验发现，财务弹性水平的提高在合理的范围内，有利于提升企业价值，当超出某一临界值之后，财务弹性对企业价值反而产生了负面影响，即财务弹性对企业价值的影响关系并非静态和简单的线性关系，而是一种倒U型的曲线关系，财务弹性对企业价值的影响是先升后降。

第四，产品市场和资本市场等两大市场是企业作财务决策时的重要战略考量。财务弹性决策带来的无论是市场竞争效应还是价值效应，都表明财务弹性能为企业创造价值。然而，财务弹性是一把“双刃剑”，并非越大越好。根据委托代理理论，企业持有超额现金过多将会带来现金持有成本的增加，保持过低负债也会带来负债融资成本，财务弹性水平过高会带来过高的储备成本，占用企业发展的资金和资源，某种程度上不利于企业的可持续发展，CFO核心胜任能力越强的企业越倾向于降低财务弹性储备水平，抑制财务弹性储备过高对企业价值的负面影响，积极实现财务弹性的价值最大化。

本书探索性地研究了CFO核心胜任能力对企业财务弹性决策的影响，在丰富相关理论的同时，深化了对CFO核心胜任能力与企业财务弹性决策影响效应的认识，拓展了传统的财务弹性决策经济后果观。本书在CFO核心胜任能力对企业财务弹性决策影响方面提出的若干新见解和新发现，对于制定和完善CFO制度及相关法律法规具有重要的参考价值。国家层面应该顶层设计CFO这一公司治理体系，完善现代企业制度和公司治理结构，丰富公司治理理论及相关财务管理理论。本书在这方面的研究也仅仅是一次尝试，欢迎同仁们批评指正！

高智林

2021年12月

目录

1 绪论

1.1 研究背景与研究意义

1.1.1 研究背景

随着经济全球化、科技进步、信息化进程的加快，企业面临的经营环境发生着巨大变化，企业的组织结构、战略选择、激励制度、系统设计以及经营决策无不因之而发生着深刻变革。在高度动态的竞争环境中，企业各种决策的结果也必然具有强烈的不确定性（Uncertainty）。例如，2020年伊始暴发的新冠肺炎疫情，给整个中国乃至全球的经济增长和社会运行带来了巨大冲击和不确定性。从全球范围看，当今企业经营环境的最基本特征就是它的不确定性，不确定性已成为主旋律，而企业风险就是对战略与目标实现产生影响的不确定性。国际金融大鳄索罗斯（George Soros）曾说："我什么也不害怕，也不害怕丢钱，但我害怕不确定性。"纵观被市场吞噬的企业，均是未能及时感知不确定性的市场反应（Koulopoulos等，1997）。显然，如果企业能对内外部环境的不可预测性和决策结果的不确定性保持清醒的头脑，那么可以在很大程度上避免失误或失败。

权变财务理论和战略管理理论均指出，个体组织（企业）应该根据环境的变化动态调整自身的战略规划，企业的财务主体要让财务运作系统与所处的财务环境保持高度动态协调，而不能成为环境的被动接受者（邓康林和刘名旭，2013）。企业需要保持一定的弹性（Flexibility），应对内外部变化时快速响应，保持并提升企业竞争优势，增加企业的价值。吕文栋等（2019）认为弹性是系统应对内外部环境冲击的能力，在风险管理视域下，内外部环境冲击可解释为不确定性的一种来源，系统应对内外部环境冲击的能力可转换为一种风险管理能力。财务决策是企业战略决策和财务管理的核心，必须满足弹性制度和理念的变革需要，才能使企业在激烈的市场竞争中获胜。就企业财务决策而言，在复杂多变的竞争环境中，如何规避信贷资源配置扭曲，以较低的融资成本筹集到足够的资金，以满足企业生存和发展的需要；如何制定科学、有效的财务弹性（Financial Flexibility）储备策略，适当调节和补充这个"蓄水池"，以抵御环境不确定性带来的风险，保持企业资金的持续性，以便灵活应对可能的不利冲击和潜在的投资机会，避免陷入财务困境或丧失投资机会，已成为企业生存和发展的重要问题和关键环节（DeAngelo和DeAngelo，2007），是企业资本结构决策中最重要的考虑因素（Graham和Harvey，2001；李玥等，2019），也是灵活应对不断变化的资本市场的必备条件。

财务弹性从本质上说是企业一种动态环境的适应和反应能力（FASB，1984），是灵活调配企业现有财务资源并抓住潜在投资机会实现企业价值最大化的综合能力（Byoun，2011），是"预防"和"利用"未来整体不确定性的能力（曾爱民等，2013），是为企业未来创造不可预见的融资和投资决策需求的选择权（杨柳和潘镇，2019），是具有较大灵活性的财务决策（肖忠意等，2020）。当企业面临外部环境的潜在风险，或者发现了潜在的投资机会甚至投机机会时，企业能够及时调用财务资源，以较低成本去融通资金，改善资本配置效率，实现企业价值创造。现实中，企业常常面临着融资约束的困扰，普遍存在着信息不对称问题，因此企业需要考虑储备财务弹性，以抓住有利投资机会以及应对可能的不利冲击（葛家澍和占美松，2008）。但同时，财务弹性储备过高可能造成投资的低效率和财务资源的浪费，产生过高的资金储备成本，从而削弱财务弹性的价值增量，给企业带来负面效应。另外，基于负债的“控制假说”效应理论，举债经营具有相机治理（Contingent Governance）作用，在某种程度上可以约束管理层滥用自由现金流。因此，财务弹性如同一把“双刃剑”，具有“过犹不及”效应。

财务弹性是微观企业财务政策选择的体现和核心问题，实际中，不同规模的企业、不同类型的企业、不同产品生命周期的企业财务弹性储备水平不同。那么，影响企业财务弹性储备水平的因素有哪些呢？目前，已有学者探究了环境不确定性等企业外部环境以及内部治理机制，认为环境不确定性是影响企业财务弹性水平的重要外部因素以及获取财务弹性的前提，Killi等（2011）、刘名旭和向显湖（2014）研究发现，当环境不确定性较大时，企业受到的财务冲击越强烈，越倾向于储备较高的财务弹性，财务弹性的价值效应遂凸显出来。祝继高和陆正飞（2009）、Campello等（2010）、Byoun（2011）、Arslan等（2014）、杜颖洁和杜兴强（2013）、张改清和祁怀锦（2017）、鲍群等（2017）则认为，企业自由现金流量、生命周期、投资机会等内部特征以及货币政策、经济周期、行业周期、关系型交易、银企关联、政企关联等连接企业内外部环境的因素会影响企业的财务弹性水平。然而，学者们却忽略了基于管理者特质视角探索财务弹性问题。高阶梯队理论认为，高管团队异质性及其个体特征会影响企业的投资、融资、股利分配等财务战略决策，进而影响企业的产出绩效。那么，CFO（Chief Financial Officer，首席财务官）作为企业高管成员，比CEO（Chief Executive Officer，首席执行官）等其他高管对企业的财务战略和财务决策具有更直接有效的影响（Weili等，2011），获取和保持财务弹性已经成为企业高层管理者特别是CFO关注的焦点，被视为影响财务战略和决策支持的首要因素（Graham和Harvey，2001），这也为本书的研究命题提供了有利契机。

CFO制度是现代公司治理机制和公司管理制度安排（杜胜利，2010）以及公司委托代理的重要契约安排（Ge等，2011）。CFO作为现代公司中的高层管理成员，对企业战略、会计信息产出以及财务决策产生了重要影响（翟淑萍等，2018）。CFO贯穿于资本市场和企业价值管理之间，是企业会计信息系统的构建者和企业管理的核心引擎。CFO站在股东和经营者之间的位置，肩负着受托责任和经营职责双重责任（Indjejikian和Matejka，2009），履行着财务监督和战略支持职能（Walther等，1997；Graham等，2005；Geiger等，2006；吴江龙，2011；高智林和陈艳，2020），更是财务契约工具的有效载体，协调并解决公司治理中的代理问题；CFO站在财务的角度对企业财务资源进行整合，积极参与制定企业战略决策和财务决策，是公司的财务专家、金融管理家和战略管理家，以及财务工作掌舵人（杜胜利，2010；Jiang等，2010；Kim等，2011）。CFO掌控着企业的神经系统（财务信息）和血液系统（现金资源），其主要职能是主导生成可靠、相关的会计信息，代表着股东尤其是中小股东监督管理层（杜胜利，2010），CFO是公司价值管理的中枢，主要通过投资决策和融资决策为公司创造价值。

当前我国提出完善财会监督体系建设，推进国家层面治理体系构建和治理能力现代化，而财会监督的重要路径是治理结构和管理机制，强化对管理层的制约，特别是对“一把手”的制衡，以确保CFO的职业化、市场化、独立化，提升CFO的治理地位和国际影响力。企业任何舞弊风险都是通过财务风险凸显出来的，提高CFO的财会监督能力和制衡力是防范、规避财务风险和舞弊风险最有效的措施之一。Lucas（1972）认为人力资本和货币资本能提高企业的整体运作效率和核心竞争力，是企业价值创造的力量之源。CFO作为企业非常重要的人力资本因素，其胜任能力是发挥人力资本效能的能力基础，充分提升CFO在决策支持、战略制定、全生命周期价值管理、与CEO形成制衡等胜任能力特征上具有十分重要的现实意义（刚成军，2017）。

中国总会计师协会（CACFO）发布的《中国总会计师（CFO）能力框架》（2019）从CFO履行职责的视角，构建了道德遵从能力、专业能力、组织能力、商业能力等四个模块履职能力，其中，价值创造与风险管控是CFO履职的最终目标，CFO履职都是为“价值创造、风险管控”目标服务的。CFO作为企业的价值工程师和价值整合者，最终目标是实现企业可持续的价值创造，通过管控防范风险，降低价值损失，也是保护价值创造。埃森哲中国（2019）指出，CFO的角色已从财务官到数据官，并在现金流、战略决策以及风险管理方面发挥着重要作用。

如上所述，企业经营环境和财务决策的不确定性导致业务风险日益加剧。财务部门作为风险把控的关键防线，意味着CFO需要具有更加完备的风险管理能力去驾驭财务风险（王兴山，2020）。于是，CFO如何主动地去适应环境的变化，提高财务动态能力，根据自身特征来实施财务监督和战略支持双重职能，如何最大限度地发挥CFO在公司治理中的作用就显得非常重要。一般来说，对CFO进行绩效评价是基于公司的财务政策，这使得CFO对于公司融资决策和投资决策格外关注（姜付秀，2009；Trzeciakiewicz，2012）。那么，CFO如何提高企业的动态能力适应环境的变化？CFO能否更好地履行职责，发挥其财务监督和战略支持两大基本职能，从而进行科学有效的风险管理？CFO影响企业财务弹性的内在机理是什么？进一步从产品市场和资本市场角度出发，企业截面特征差异因素如何影响CFO与企业财务弹性之间的关系？CFO如何影响财务弹性决策的相关经济后果？这些问题都值得深入研究。

要回答以上实践问题，理论研究需从独特的视角切入。本书认为，CFO核心胜任能力是其发挥专业管理、决策支持、参与战略和财务监督职能的基础，将CFO核心胜任能力与企业财务弹性联系起来，通过刻画CFO核心胜任能力，实证检验CFO核心胜任能力对企业财务弹性决策的影响效应。本书探究CFO核心胜任能力对企业财务行为决策产生的影响效应，阐释CFO核心胜任能力以及企业截面特征因素与企业财务弹性之间的关系，挖掘CFO核心胜任能力影响企业财务弹性的作用机理和经济后果，为从CFO核心胜任能力视角研究公司治理效应提供了新的证据，在实践上引导企业进行科学合理的财务弹性决策，为提高公司治理效率提供参考和经验借鉴。

1.1.2 研究意义

以中国总会计师协会（CACFO）发布的《中国总会计师（CFO）能力框架》（2019）为契机，通过刻画CFO核心胜任能力的测度维度，实现对其合理量化。研究CFO核心胜任能力对企业财务弹性决策的影响效应是对中国CFO职能现状描述的重要问题，也对促进国家建立合理的CFO制度、完善现代公司治理体系、充分发挥CFO的履职职能，具有重要的理论意义与现实价值。

（1）理论意义

第一，本书拓宽了企业财务弹性决策相关理论研究的内涵。作为一个相对新兴交叉的研究领域，财务弹性研究还有很多空间可挖，以往的研究多集中于货币政策、产业政策等宏观环境对财务弹性决策的影响，本书基于胜任能力理论、高阶梯队理论，考察CFO核心胜任能力对企业财务弹性决策的影响效应，有利于从CFO核心胜任能力视角促进胜任能力理论、高阶梯队理论与资本结构理论、投融资理论、财务战略管理理论等财务理论的交叉融合研究，提供了财务弹性对企业财务决策影响机制的实证证据和研究视角。

第二，本书拓展了CFO个人特质及CFO制度特征的相关研究。此前关于CFO的研究方向多为企业盈余质量、企业绩效、投融资、股利政策等，鲜有文献涉及CFO核心胜任能力对企业财务弹性决策的影响效应的研究。本书有助于深刻认识CFO在企业财务弹性决策中扮演的角色，CFO在基于企业财务战略的管理、财务动态能力的维系中以及投融资决策中发挥的重要作用，丰富了CFO的相关研究文献。此外，实现了CFO核心胜任能力的实证度量体系，在弥补现有研究范式不足的同时，也为后续实证研究提供了参考。

第三，本书丰富并加深了对企业财务弹性决策经济后果的研究框架。选择将CFO核心胜任能力纳入企业财务弹性决策的理论分析框架中，有助于深入理解财务弹性决策创造价值、提升企业价值的途径，发挥市场竞争效应以及价值效应两大效应的作用机理和实现路径，补充企业财务弹性决策经济后果的现有研究文献，有助于更好地认识财务弹性创造价值背后的逻辑，并为企业优化财务弹性储备策略、提高企业财务动态能力以及资本配置效率、实现企业价值创造提供理论依据。

（2）现实价值

第一，有利于增强我国企业对财务弹性决策的重视，引导企业做出科学、合理的财务弹性决策。企业的经营者要积极考虑财务弹性决策的灵活性，将财务弹性作为决定企业资本结构的重要因素，优化企业财务结构，合理利用财务弹性作为企业一项重要的财务战略选择，提高企业在应对不确定性经营环境方面的财务动态能力，降低企业经营风险，实现企业价值最大化。本书为企业选择储备合理的财务弹性水平提供了分析思路和经验借鉴，对提高企业治理效率及高质量发展具有重要意义。

第二，有利于推动CFO参与管理的公司治理机制与制衡机制的完善。现有研究主要围绕宏观环境、行业和市场因素、生命周期等来解释企业财务弹性，严重忽视了高管的个人特质对企业财务行为决策的影响。研究CFO的特质，既可以有效代表高管特质，又可以减少因职权不同带来的研究噪声。面对瞬息万变的市场竞争环境，CFO需要突破原有的“专业藩篱”，深入参与决策、战略管理和风险管理，形成与企业其他高管约束制衡的机制。

第三，有利于促进我国CFO制度改革，加强财会监督体系建设，推进国家层面治理体系构建和治理能力现代化。本书考察CFO核心胜任能力的发挥对财务弹性的影响，有利于打开企业财务决策过程的“黑箱”，深入挖掘CFO核心胜任能力所产生的经济后果以及职能履行所带来的职能效果，在一定程度上为促进我国CFO制度改革、搭建CFO制度框架、完善上市公司CFO相关法律法规和制度建设、推进国家治理体系构建和治理能力现代化提供了重要理论支撑和经验证据，具有明显的前瞻意义和政策启示意义。

1.2 主要概念界定

1.2.1 CFO核心胜任能力

《牛津英语词典》将胜任能力（Competence）定义为称职的能力（Capability）。借鉴美国注册会计师协会（AICPA）的解释，CFO胜任能力主要包括两个方面：核心胜任能力和相关胜任能力。前者反映了胜任能力的关键部分，直接影响到CFO是否能正常履行其分内职责；后者则指非CFO所特有的必备能力。有些相关胜任能力是每个胜任工作人员必须具备的，而与其职能履行无关，如自我学习能力、自我提高能力、创新能力等；有些相关胜任能力可能对CFO来说是必要的，如项目管理能力等。总体而言，相关胜任能力是核心胜任能力的必要补充。

美国注册会计师协会（AICPA，1999）提出了CFO的三种胜任能力：功能性胜任能力、个人胜任能力以及广阔的商业视野。国际会计师联合会（IFAC，2003）认为CFO专业胜任能力是一项非常重要的资源，包含专业知识、专业技能和职业价值、道德和态度等要素。上海国家会计学院《中国CFO能力框架》（SNAI，2006）构建了CFO能力框架，包括核心胜任能力和能力要素，其中，核心胜任能力主要有：战略规划能力、决策能力、资源管理能力、分析能力等；能力要素归纳为职业知识、技能和职业价值观（主要指职业道德）。

IBM在2010年发布的《全球CFO调研洞察》中提出，CFO扮演价值整合者的角色，在管理企业风险、监控企业绩效等方面具有明显优势。美国管理会计师协会（IMA，2016）发布的《IMA管理会计胜任能力框架》提出，管理会计人员最基本的职业能力是专业能力，包括规划与报告能力、信息技术能力、决策能力等，其次是素质能力，包括领导能力、运营能力等。其后，IMA于2019年发布的《IMA管理会计能力素质框架》聚焦战略规划和绩效、技术和分析、报告和控制、职业道德和价值观、商业敏锐度和运营、领导力六大模块。刚成军（2017）构建了财务负责人的四维度任职能力框架，分别是职业操守能力、职业能力、基础知识和财务影响力。其中，职业操守能力包括职业认知、职业道德、职业价值观等；职业能力主要包括一般职业能力、特殊职业能力、一般风险管控能力、特殊风险管控能力；基础知识包括生存基本知识、经管类知识、财务专业知识等；财务影响力包括决策影响力、职权边界和制衡力。

此外，中国总会计师协会（CACFO）的《中国总会计师（CFO）能力框架》（2019），将CFO能力归纳为道德遵从能力、专业能力、组织能力和商业能力（见图1-1）。CFO作为企业的价值工程师和价值整合者，最终目标是通过履行其职能实现企业的资产增值和资本增值，降低财务风险和价值损失也是为了实现企业价值创造。

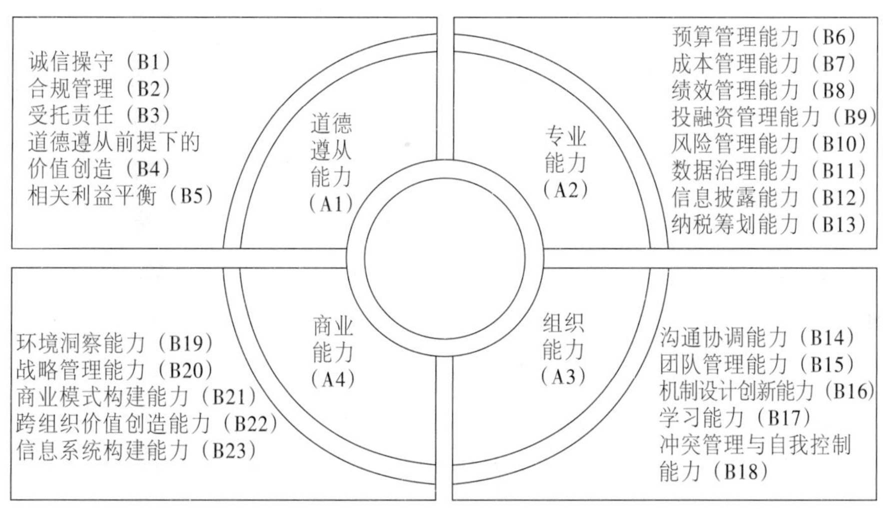

图1-1　CFO能力框架图

从CFO能力框架构建的历史演进中可以看出，不同时代赋予CFO不同的能力、职能以及时代内涵。从各机构、职业团体对胜任能力的界定看，胜任能力更注重结果，即能否按既定标准履行其职能；从构建的CFO能力框架来看，大多认为CFO核心胜任能力主要包括职业价值观、核心知识和核心技能等。借鉴AICPA、SNAI以及CACFO等机构的经验，从CFO履行的核心职能出发，基于财务监督和战略支持职能视角，抽象出职能履行必备的核心胜任能力。

本书认为，CFO要胜任其最高财务负责人的角色，必须具备恰当的核心胜任能力。CFO核心胜任能力是实现其职能目标的基础，CFO核心胜任能力是指在特定的组织环境和动态的外部环境中，以恰当的职业价值观和职业道德为准绳，合理运用所需核心知识和核心技能，有效沟通协调和应对复杂多变的财务工作，有效履行财务监督和战略支持两大基本职能的能力，主要包括财务专业能力、财务执行能力、职业操守能力等。其中，财务专业能力是指运用财务报告、风险管理、财务战略、内部控制、资本运营、财务分析、全面预算等核心知识履行其职能的能力；财务执行能力是指运用沟通及协调、系统分析、问题解决、团队建设等核心技能，贯彻公司战略意图，有效执行公司财务政策，及时调整财务运行系统，保持预定财务战略目标实现的操作能力；职业操守能力是指具备较好的职业素养，能够遵循法律法规及职业道德，不偏不倚，维护公司财务信息的可靠性和相关性，始终保持独立性的职业权威能力和客观公正能力。

1.2.2 财务弹性

“弹性”（Flexibility）一词主要起源于心理学和生态学学科领域，具有多维度和多学科的特点，主要指组织或团体面对不确定性时的动态调整能力和自我修复能力。后来延伸到财务研究领域，Myers和Majluf（1984）在融资优序理论中提及冗余的财务资源——财务松弛（Financial Slack）概念，后由财务松弛引申出了财务弹性（Financial Flexibility）概念，它也可翻译为财务灵活性、财务柔性，在英文中它与Financial Adaptability为同义词，译为财务适应性。财务弹性是柔性理论与现代财务理论的有机融合，已引起国内外学者的广泛关注。有学者将财务弹性引入了对资本结构相关问题的研究，有效拉近了财务理论与经济现实的距离。

关于财务弹性的定义，在国内外的文献中存在着一系列不同的观点。但主要都是从融资的角度出发，强调当企业面临不确定性时，迅速采取有效行动来获取资金重构的能力。美国财务会计准则委员会（FASB，1984）认为财务弹性是一个实体（Entity），能够通过改变现金流的数量和时间分布等消除所需的预期现金支出超过预期现金流入的能力。西方学者早期认为储备财务弹性的主要目的是补充企业的自由现金流量，因此，早期所提出的财务弹性定义都是围绕企业配置现金流量来展开的。后来，逐渐认识到财务弹性的来源不仅仅是企业的现金流，负债融资能力也是一种重要来源。Graham和Harvey（2001）从资本结构的角度对财务弹性进行了重新定义，认为财务弹性是一种为企业未来扩张投资、并购重组储备适量负债的融资能力。姜英兵（2002、2004）从企业资本结构的角度提出了财务灵活性，认为财务灵活性是企业的一种资本结构安排，主要是指企业动用闲置资金和剩余举债能力、抓住未来投资机会的能力以及适应外部环境变化的融资能力，并指出债务融资与股权融资的比例构成了企业资本结构安排。DeAngelo（2007）认为财务弹性是企业为投资项目净现值（NPV）为正的负债融资能力以及避免陷入财务拮据的能力。葛家澍和占美松（2008）认为财务弹性是企业的一种资本运作能力，能够通过调整财务战略，改变资金流入的时间分布和数量金额，从而应对企业各种突发性的资金需求，把握有利的投资机会的能力。Gamba和Triantis（2008）指出财务弹性是企业面临不利冲击时逃避财务困境，以低成本获取财务资源和重构企业财务活动的能力。Bates等（2009）、Byoun（2011）将财务弹性定义为企业在特殊时期以低成本获得资金重构，帮助企业预防财务风险，并利用未来潜在投资机会实现企业价值最大化的能力。曾爱民（2011）从企业价值实现的角度出发，认为企业财务弹性是企业以合理的成本价格及时地获取和调动财务资源的能力，并指出获取和保持财务弹性的目的就是应对未来不确定性事件，实现企业价值最大化。刘名旭和向显湖（2014）、杨柳和潘镇（2019）认为，财务弹性的核心价值在于创造了企业应对未来不可预测的融资和投资需求的选择权，具有期权特征。肖忠意等（2020）认为，财务弹性是管理层在企业经营活动中形成的一个具有较大灵活性的财务决策。也有学者从战略角度思考财务弹性问题，认为财务弹性是企业核心竞争能力的重要体现，以实现企业财务战略目标（赵华和张鼎祖，2010）。

综上所述，虽然国内外对财务弹性的定义角度不尽相同，对其认识也各具特色和重点，但都将财务弹性视作有效运行财务系统的一种综合能力。本书研究认为，财务弹性是财务风险和变现能力的集中表现，反映了面对瞬息万变的经营环境，企业财务主体如何快速反应，规避财务风险，及时调整财务政策的执行与财务行为，抓住有利投资机会，使财务运行与财务环境保持高度动态协调。从能力的角度来看，财务弹性反映了财务主体应对未来环境不确定性的快速反应能力或适应内外环境变化的融资能力，低成本获得资金重构的财务能力，以及应对环境不确定性和把握有利投资机会、实现企业价值最大化的能力。

由此看出，财务弹性内涵不断拓展，主要包括：一是财务弹性必须以不确定性经营环境的存在为前提条件，是企业对未来不确定性的一种抵御能力和适应恢复能力；二是财务弹性本质上具有"预防"和"利用"属性，能够为企业提供财务资源上的支持和保障；三是财务弹性是为了把握投资机会，防范和减少未来不确定性事件冲击带来的损失；四是财务弹性影响企业的风险和变现能力，企业必须保持合理的资产结构和财务结构。

1.3 研究目标、研究思路与研究内容

1.3.1 研究目标

本书以探索和检验CFO核心胜任能力对财务弹性的影响为总目标，并进一步分解为以下三个具体的研究目标：

（1）构建CFO核心胜任能力和企业财务弹性分析框架以及合理量化。结合我国特殊的制度背景和市场环境，构建分析框架和理论模型，实现对CFO核心胜任能力、财务弹性的合理度量。

（2）探究CFO核心胜任能力与企业财务弹性的影响效应。验证CFO核心胜任能力与企业财务弹性之间的作用机理，基于CFO财务监督和战略支持职能，探讨其职能履行带来的效果，以及从产品市场和资本市场角度出发，探寻企业截面特征差异对产品市场地位以及融资约束发挥怎样的影响效应。

（3）检验CFO核心胜任能力对企业财务弹性决策经济后果的影响。通过透视财务弹性的本质属性，分析财务弹性带来的双重影响，分别从

缓冲效应和代理冲突两方面综合考察CFO核心胜任能力对财务弹性决策的影响效应，分析竞争效应以及价值效应的作用机理和实施条件，验证目标财务弹性的存在性和研究框架。

上述问题的解决构成了本书的研究目标。首先，基于CFO能力框架刻画CFO核心胜任能力的测度维度并实现其合理量化；其次，以CFO财务监督和战略支持职能履行为出发点，分析CFO核心胜任能力对企业财务弹性决策的影响作用机理；最后，探讨CFO核心胜任能力与财务弹性决策带来的经济后果。争取在已有研究的基础上，对CFO核心胜任能力与公司财务弹性的研究进行拓展和深化，丰富相关领域文献。

1.3.2 研究思路

高阶管理理论认为，企业是高层管理者的反映体，因为他们能够按照自己的意志来控制并影响企业的战略决策和整体运营过程。在现代企业中，CFO履行财务监督和战略支持两大基本职能（Walther等，1997；Graham等，2005；Geiger等，2006；杜胜利，2010；吴江龙，2011），是以财务运筹为核心的战略管理者（杨晓华，2007），帮助企业在资金市场和公司控制权市场上确立优势，实现企业的发展战略目标（高宏亮和张瑞君，2005）。CFO核心胜任能力是其职能发挥的前提、力量之源和重要保障（吴江龙，2011）。

在财务监督方面，根据委托代理理论以及信息不对称理论，CFO作为股东的代理人，在规范信息披露、降低信息不对称方面发挥更重要的主导作用，有利于缓解资金提供者与企业之间的资源无法有效配置和使用的问题，对管理层的道德风险与逆向选择行为进行监督，进而改善公司治理效率。

在战略支持方面，根据高阶梯队理论，CFO的某些特征决定着他们的战略倾向和决策选择，CFO作为企业财务战略决策的制定者，主导企业的财务运作体系，关注的焦点是企业的资金运动，他们掌握企业的财务风险、成本和价值，通过提高投资效率，未来获得潜在现金流，降低企业财务风险，实现企业财务战略；CFO能够凭借其核心胜任能力和地位提供更多筹资渠道，充分利用其社会财务资源，增强企业驾驭金融资本市场的能力，以较低的成本获取外部融资，缓解融资约束，提高融资效率，最终提高企业的资本配置效率。

因此，本书基于CFO核心胜任能力，以CFO财务监督和战略支持职能为逻辑起点，结合我国特殊的制度背景，分析其对企业财务弹性的影响，探讨其作用机理和经济后果。首先，基于胜任能力理论、高阶梯队理论等剖析了CFO核心胜任能力是否以及如何对企业财务弹性产生影响；其次，从产品市场和资本市场角度出发，引入企业截面特征差异（产品市场地位、融资约束程度），拓展分析企业截面特征差异对CFO核心胜任能力与企业财务弹性的影响效应；最后，从企业财务弹性决策的竞争效应和价值效应的视角，分析与论述CFO核心胜任能力对企业财务弹性决策经济后果的影响。

本书主体部分的研究思路如图1-2所示。

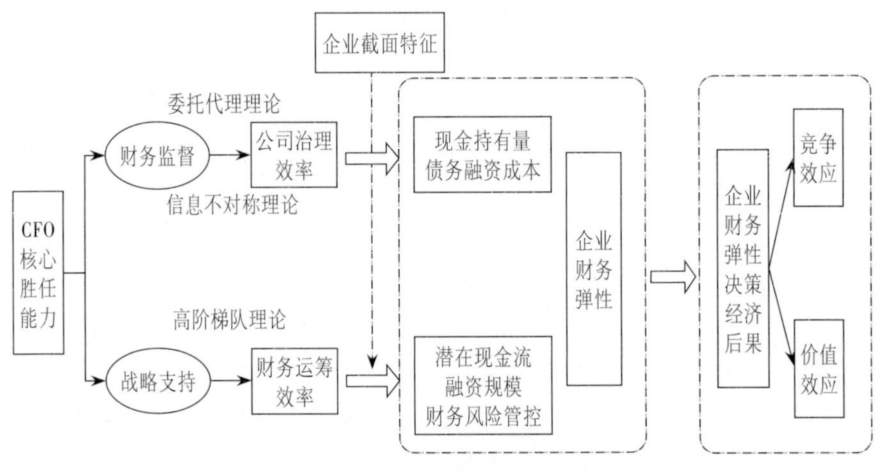

图1-2 研究思路图

1.3.3 研究内容

为实现研究目标，根据拟定的研究思路，本书研究内容主要包括以下八章：

第1章为绪论。本章从中国特殊的制度背景和市场环境出发，首先阐述本书的研究意义、研究目标，提出了本书的研究问题；其次介绍了本书的研究思路、技术路线；最后讨论了本书的研究方法与创新之处。

第2章为文献综述。首先，一方面对CFO职能定位和治理地位等制度的研究进行了详细梳理，另一方面对CFO核心胜任能力及产生的经济后果分主题进行综述。其次，对财务弹性相关研究进行综述，围绕财务弹性的影响因素、储备方式以及经济后果等问题进行理性分析和展望，为后续研究奠定理论基础和支撑，并引出本书的研究方向和定位。

第3章为制度背景与理论框架。本章在回顾梳理CFO制度变革历史的基础上，根据CFO的功能、职能范畴及相关经验证据，界定了CFO的财务监督和战略支持双重职能，构建CFO核心胜任能力与财务弹性决策分析框架，并阐述胜任能力理论、高阶梯队理论、委托代理理论、信息不对称理论等，为本书奠定理论基础。

第4章为CFO核心胜任能力与财务弹性的量化分析。主要针对CFO核心胜任能力、财务弹性的量化展开研究，构建本书的有关度量指标体系，本章的研究能够为分析CFO核心胜任能力对财务弹性决策的影响效应奠定基础。

第5章为CFO核心胜任能力对财务弹性的影响研究。本章检验CFO核心胜任能力对财务弹性的影响，从CFO核心胜任能力视角理论分析与逻辑论证其影响企业财务弹性水平的效应，结合产权制度背景，探讨其对CFO核心胜任能力与财务弹性水平关系的影响，并进一步从财务弹性构成、财务风险、公司治理等方面考察其影响效应。

第6章为截面特征差异、CFO核心胜任能力与财务弹性研究。本章从产品市场和资本市场角度出发，理论剖析和实证检验企业截面特征因素（产品市场地位、融资约束程度）对CFO核心胜任能力与企业财务弹性的影响效应。

第7章为CFO核心胜任能力对财务弹性决策经济后果的影响研究。本章检验CFO核心胜任能力对财务弹性决策竞争效应以及价值效应的影响。基于财务弹性竞争效应以及价值效应，理论剖析和实证检验CFO核心胜任能力对财务弹性决策经济后果产生的影响。

第8章为研究结论、政策建议与未来展望。本章旨在对主要研究结论进行梳理、归纳总结，并结合该结论给出实践启示和政策性建议，最后指出本书的研究局限以及未来研究展望。

1.4 技术路线与研究方法

1.4.1 技术路线

本书各章节具有一定的内在逻辑关系，参照科学的研究范式，本书构建了技术路线，如图1-3所示。

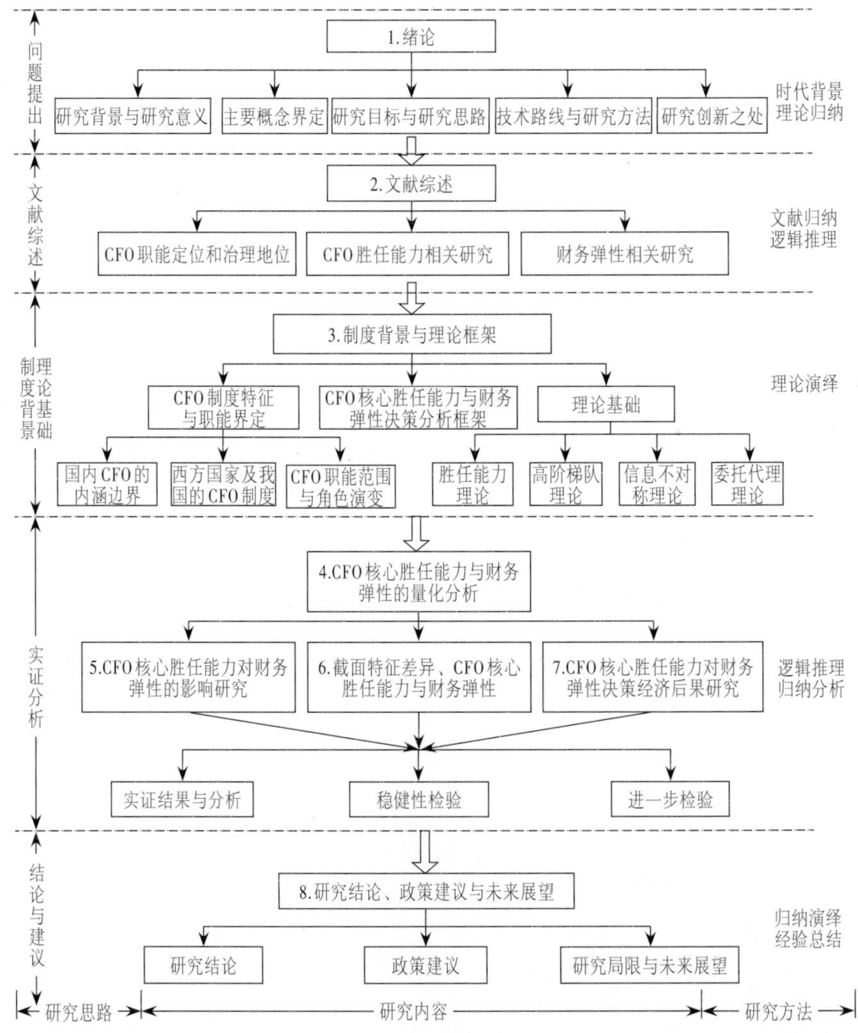

图1-3 技术路线图

1.4.2 研究方法

本书在文献综述和规范理论分析的基础上，还将搜集数据，采用归纳与演绎、规范分析与实证分析、定性分析与定量分析相结合的方法进行实证检验。具体研究方法与设计如下：

（1）规范分析法

首先运用规范分析法，这是一种非常有效的方法。将归纳与演绎分析相结合，梳理了逻辑脉络，在对已有文献进行综述，以及总结现有研究成果不足之处的基础上，提出尚未关注或急需解决的问题。系统梳理CFO核心胜任能力和企业财务弹性的研究进展，以胜任能力理论、高阶梯队理论、委托代理理论、信息不对称理论等为基础，分析我国CFO核心胜任能力与财务弹性决策的研究框架。

（2）实证分析法

借鉴国内外有关CFO核心胜任能力与财务弹性的理论、模型和方法，对我国上市公司的相关样本进行选取整理，在理论分析和研究假设的基础上，构建相关模型，利用Stata 15软件进行描述性统计、均值差异分析检验、相关性分析、多元回归分析以及主成分分析，在稳健性检验中使用工具变量的两阶段最小二乘法（2SLS）、倾向得分匹配（PSM）、固定效应模型等方法对内生性问题进行检验。本书实证研究方法主要体现在第5、6、7章。

1.5 创新之处

总体来讲，在借鉴国内外相关理论和实证成果的基础上，本书探索性地研究了CFO核心胜任能力对企业财务弹性决策的影响，在丰富CFO核心胜任能力、财务弹性理论的同时，深化了对财务弹性决策影响效应的认识，拓展了关于财务弹性决策的经济后果理论。

具体地说，本书的创新之处与预期贡献主要体现在以下几个方面：

第一，本书基于CFO能力框架构建了CFO核心胜任能力分析框架，实现了对CFO核心胜任能力的直观量化。基于中国特殊的制度背景和市场环境，利用胜任能力理论、高阶梯队理论、委托代理理论和信息不对称理论，搜集相关证据，系统检验了CFO核心胜任能力对企业财务弹性的影响效应，将财务弹性的“前因后果”纳入统一的研究分析框架，有助于从CFO核心胜任能力视角促进胜任能力理论、高阶梯队理论与资本结构理论、投融资理论、财务战略管理理论等财务理论的交叉融合研究，拓展和丰富了CFO核心胜任能力和财务弹性的研究文献。

第二，从产品市场和资本市场角度出发，引入企业截面特征差异，将其嵌入CFO核心胜任能力影响企业财务弹性决策的研究中。理论剖析企业产品市场地位、融资约束程度等企业截面特征因素对CFO核心胜任能力与企业财务弹性决策的影响，以及它们发挥着怎样的调节效应和中介效应，有助于进一步理解CFO核心胜任能力影响企业财务弹性的具体作用机理及其制度条件，完善和补充了财务弹性决策的研究框架。

第三，系统考察了CFO核心胜任能力对企业财务弹性决策经济后果的研究。基于企业财务弹性的竞争效应和价值效应，不仅证实了CFO核心胜任能力对企业财务弹性竞争效应和价值效应的影响，还从CFO核心胜任能力视角深度解析企业财务弹性决策对产品市场竞争和企业价值的影响和作用机理，提供了财务弹性对企业财务决策影响机制的实证证据，有助于更好地认识财务弹性创造价值背后的逻辑，丰富了财务弹性决策经济后果的相关文献。

2 文献综述

2.1 CFO职能定位和治理地位研究现状

2.1.1 CFO在公司治理中的地位功能定位的研究

在现代公司治理结构中，CEO与CFO是决定公司运营与公司绩效的两个核心人物。从CFO的治理功能来看，CFO主要发挥监督角色的作用、战略角色的作用以及财务角色的作用（杜胜利，2010），是公司重要的内部控制机制，在公司价值创造中发挥着核心作用。CFO应该致力于内部控制、风险管理与组织监督，参与公司战略决策，对公司财务和会计系统进行控制。

Anthony和Govindarajan（1999）认为，上市公司的CFO履行管理控制职能和资金司库职能双重职能。Merchant（1998）指出在较大的上市公司里，通常设置财务总监（Controller）和司库（Treasurer）两大财务管理职能岗位，其中，前者的主要职责是财务报告、管理控制和内部控制；后者的主要职责是资本管理、资金管理和风险管理。同时也指出了财务总监有效地履行信用和监管职责的途径。Terry Carroll（2002）指出了组织中的两个角色——首席财务官和财务主管的不同职责。首席财务官的传统职责正在向战略管理和风险管理转变。财务主管的职责主要是为投资者服务、证券管理、业绩管理、风险管理、资本管理，还有传统的活动，如审计、税务和司库。普华永道（PwC，2002）和德勤咨询（Deloitte Consulting，2002）研究认为，在现代公司治理结构中，CFO应该直接参与公司治理，CEO和CFO拥有同等的法律地位，共同承担在公司治理中的责任，CFO与CEO成为战略合作伙伴。Stenzel（2003）研究认为，CFO的管理框架由5个相互依存的治理联盟组成：CFO与董事会的联盟、CFO与CEO的联盟、CFO与执行官管理阶层的联盟、CFO与股东的联盟、CFO与员工的联盟。Ross（2005）对CFO在公司治理中的地位进行分析后，指出公司的资本运营和资金管理与企业高层的决策直接相关，CFO管辖主计长和司库，主计长负责公司日常财务管理工作，主要包括财务信息处理、管理会计、账务处理、税务管理、成本效益核算等。司库负责财务政策选择、财务战略以及资本运营管理。德勤中国副主席吴卫军先生曾指出，企业的财务成本实际反映了企业的风险定价，CFO的责任是要获得投资者的信任，降低企业的资金成本。从CFO在公司治理中的地位来看，CFO受聘于董事会，越来越多的CFO担任公司内部董事，董事会赋予CFO约束公司管理层行为的权限，代表股东对经理层实施财务监督（杜胜利，2010）。CFO在现代公司治理中的地位越来越高，也体现在监督责任和管理责任的双重责任上，一方面，CFO在董事会层面体现为财务监督，在高管层面体现为管理监督；另一方面，CFO在董事会层面体现为资本管理，在高管层面体现为资产管理。

2.1.2 CFO在公司管理中的角色职能定位的研究

CFO的角色定位不断演变，CFO接受董事会的委托，负有对经理层进行财务监督的职责，同时也是企业与股东交流的桥梁、CEO的战略伙伴，行使着企业战略支持的职能，对企业的战略选择具有重要影响。

CFO职能不仅仅局限于资金管理、资产结构和金融市场风险中，为确保企业运用业务流动性与资金流动相互之间匹配，CFO更多地关注非财务实务，以确保企业的财务政策与投资管理匹配的一致性（Fabich等，2012）。普华永道（PwC，1999）的研究表明，CFO不断成为企业重大经营决策和财务战略的规划者和执行者，穿插在资本市场操作和内部财务管理之间，成为CEO的决策参谋和战略合作伙伴。

Walther（1999）用房式图诠释了CFO的角色和职责定位，CFO的新职责主要包括合作与整合、战略、管理控制、成本管理、过程与体系。国际会计师联合会（IFAC，2002）揭示了CFO职能演进的历程，提出沟通的重要性，认为CFO扮演着愿景管理者、信息管理者、经营管理者、资金管理者、流程管理者、团队管理者、计划管理者、战略管理者、投资管理者。Chava和Purnanandam（2010）研究发现，CFO作为财务决策的制定者，在公司财务决策中的重要性远大于CEO，其个体特征必然会影响公司的债务融资行为。Stenzel（2005）认为CFO不仅仅需要专业能力、专业素养等基本素质，更需要具备其他方面的素质才能胜任，从关注成本管理转为关注价值创造和价值管理。Carol（2007）指出，面临复杂多变的商业环境，CFO的角色也应随着外部环境需要进行动态调整，CFO的传统职责已逐渐向战略管理和风险管理转变。上海国家会计学院（2006）提出，CFO应当从公司的管理、战略规划以及资源配置等方面开展工作。

在央企层面，CFO逐渐转变为“管控型”“制衡型”“战略型”的管理者，与国际通行的首席财务官逐渐接轨，97%的总会计师（CFO）已进入董事会兼任党组（委）成员，对“三重一大”事项[①]拥有独立决策权，在财务风险管控、财务战略管理、资本市场运作，重大筹资、重大投资、资金运营、兼并重组等方面发挥着主导或非常重要的作用（刚成军，2017；刘玉廷，2017）。CFO在企业的内部控制系统中发挥着财务监督和公司管理的双重效用，既是公司战略的重要制定者、战略决策的重要参谋者，又是公司战略的重要执行者和实践者（王兴山，2019；向

① 中共中央办公厅、国务院办公厅于2010年7月15日专门下发《关于进一步推进国有企业贯彻落实“三重一大”决策制度的意见》，指出凡属国有企业“三重一大”事项即重大决策、重要人事任免、重大项目安排、大额度资金运作事项必须由领导班子集体作出决定。

锐和王颖颖，2019）。杜胜利（2010）认为CFO在公司治理结构中享有决策权、执行权和监督权，主导企业的财务运作系统。高智林和陈艳（2020）认为CFO作为公司的核心高管，在公司治理和公司管理中的地位逐渐凸显，发挥着财务监督和战略支持职能。张庆龙（2020）提出新时期下企业CFO的角色定位及胜任能力，面对经济增长转型与高质量发展、经济全球化发展、数字经济转型发展等环境变化，CFO应转变为财务转型的推动者、战略决策的参谋者、企业的价值管理者、风险管控者、CEO的合作伙伴、社会诚信道德的捍卫者等角色。

可以看出，随着资本市场和公司治理结构的不断成熟，CFO的职能定位已由过去偏重财务业务处理转变为战略管理和财务监督职能，CFO在公司管理和公司治理中的话语权越来越大，CFO发挥的作用也越来越大。

2.2 CFO胜任能力相关研究现状

2.2.1 国外CFO胜任能力相关研究现状

西方国家的会计职业团体，都非常重视职业会计师的职业能力框架，从20世纪60年代开始，西方国家以财会专业人员和公共职业会计师能力框架构建为着眼点，开展了关于职业会计师胜任能力框架的研究工作。

美国注册会计师协会（AICPA，1999）发布了《成为职业会计师的核心胜任能力框架》，指出胜任能力是一种能干、高效以及以恰当的方式履行重要职业职责的能力，具体包括三类核心胜任能力，即功能类胜任能力、个人胜任能力和市场思维能力。美国内部审计师协会（IIA，1999）发布了《内部审计能力框架》，认为审计师的职业能力框架包括基础知识、管理经验、职业技能、任务分配、执业标准等，其中，职业技能包括基础认知技能和执业技能。加拿大注册会计师协会（CGA，1999）发布了《注册会计师职业任职能力框架》，分别从职业知识、职业水准、职业技能等方面列举了147项能力，2004年在修订版中将职业会计师能力框架定义为职业能力、技术知识和职业修养。其中，职业能力包括资源分配与管理能力、战略管理能力、绩效考核与监督管理能力、协调沟通能力、团队领导与团队管理能力、员工教育与培训能力；技术知识包括财会和报告披露类知识，管理会计类知识，财务战略、财务规划和理财类知识，商务类知识，信息技术类知识，税收筹划类知识等；职业修养包括以人为本、满足客户的需求，以及客观和诚信、职业发展、职业评估与自我发展等。加拿大注册会计师协会（CGA，2000）认为，胜任能力是指知识、技能、才能和行为，它们能使人们有效地履行职业职责。英国特许会计师协会（ACCA，1998）发布了《胜任能力框架与会计人员胜任能力》，将会计师胜任能力分为技术才能、领导才能、商务管理、人员管理等四个方面。国际会计师联合会（IFAC，2003）发布的《成为胜任的职业会计师》指出，胜任能力是指在真实的工作环境中，按照特定标准承担某项工作的能力。将会计师应具备的职业胜任能力解构为三个部分：技术能力、职业技能和职业价值观与伦理态度。日本于2000年成立了日本首席财务官协会（JACFO），制定了CFO的职业能力框架指导标准，一是资金管理，包括融资、资本市场、风险管理等；二是会计方面，包括报表编制和经营报告；三是财务管理方面，包括现金流量、财务管理体制等内容。普华永道（PwC，2004）设计了“胜任能力评分表”，依据CFO职业能力框架对CFO的基础能力和优势能力（操作能力）进行评价。

综上所述，西方国家的会计职业团体都高度重视胜任能力框架的规范，对公共会计师的胜任能力框架给出了定义，包括基础知识、职业能力和职业价值观。财会专业人员的胜任能力框架主要集中在公共会计师，如注册会计师和管理会计师，因公共会计师需要具备足够的专业性和独立性，故公共会计师的胜任能力集中体现在知识、职业能力和职业道德方面。本书研究的对象是CFO，一方面，CFO不同于公共会计师，其应具有较高的内部独立性；另一方面，CFO属于企业高管，其本身具有高管群体特质。为此，本书在吸收借鉴国际上公共会计师能力框架的基础上，突出CFO高管群体特质，提炼构建我国特殊制度背景下的CFO胜任能力框架。

2.2.2 国内CFO胜任能力相关研究现状

上海国家会计学院（2006）认为，CFO核心胜任能力主要包括核心知识、核心技能和职业价值观等。其中，核心知识包括战略管理、公司治理、价值管理、并购重组、财务分析、财务战略、风险管理等；核心技能包括沟通协调、系统思维、领导团队等，CFO除专业知识外，最重要的技能是沟通及协调能力；职业价值观包括遵守法律法规及职业规范，不提供虚假财务信息，不参与舞弊行为等，CFO必须成为会计诚信职业道德的捍卫者。邓传洲和吴建友（2000）认为CFO应具备良好的组织管理能力、协调沟通能力、开拓创新能力且精通专业知识。胡晓明（2007）认为CFO能力框架主要包括丰富的实践经验、全面的知识结构、卓越的理财能力、有效的沟通技巧、超凡的创新意识、优秀的个人品质等内容。朱慧（2010）认为一个合格的CFO，在积极参与公司战略制定、构建公司和谐的外部关系的同时，还要注重自身综合素质、知识能力、职业判断能力和职业操守的不断提升，要精通财务战略、资金管理、资本运营、财务绩效、财务风险管理、公共关系等领域的知识。甘卓霞和邓敏（2011）对广西18家大中型企业进行问卷调查后得出CFO胜任能力框架主要包括三部分，即核心知识、核心技能和职业价值观。许萍和曲晓辉（2005）提出了会计人员的能力框架，分为职业价值观、职业知识和职业技能三个维度。陈丽花（2007）认为会计职业能力框架的要素包括职业品格、职业知识和职业技能。

中国总会计师协会（CACFO，2014）构建了管理会计师的能力框架，主要包括价值创造、决策支撑、风险管控、统筹协同、协调服务、考核评价等方面。熊磊（2015）认为CFO能力要素包括知识、技能和价值观，其中，知识包括公司治理、企业战略管理；技能包括团队建设、把握行业前沿；价值观包括履行社会责任、维护公共利益。胡立新和闫浩（2018）以《IMA管理会计胜任能力框架》为依托，归纳总结企业对CFO胜任能力的需求主要有制定决策能力、规划与报告能力、运营能力、技术技能、领导力。张庆龙（2020）认为胜任能力是在特定的组织环境中能够客观衡量其个人特质的能力，包括完成工作所需的专业知识、性格特质和工作能力。完整的CFO胜任能力包括知识、技能和特质等三个要素。其中，特质属于隐性要素，知识和技能属于显性要素。

综上所述，国内研究文献认为CFO的胜任能力框架可归纳为职业知识、职业操守、职业技能三个部分。CFO不仅要有专业性知识，而且要有非专业性知识；要具备良好的职业素养，拥有正确的职业价值观和社会责任感；要具有财务管理能力、战略管理能力、风险管理能力、决策分析能力、组织协调能力等。上述研究文献构建的CFO胜任能力框架只是普适性的胜任能力框架，还需要聚焦到CFO这一特殊高管群体特质。

2.3 CFO胜任能力发挥的经济后果研究现状

2.3.1 CFO职能履行的经济后果

CFO除了对公司股东和资金提供者负有经营责任、管理责任与受托责任（Indjejikian和Matejka，2009）外，还负有监督控制和战略支持两个方面（Wather等，1997；Graham等，2005；Geiger等，2006）的职责。向锐和王颖颖（2019）认为CFO既是公司战略的重要制定者，又是公司战略的重要执行者或实践者。CFO履行着财务监督和战略支持双重职能。CFO的财务监督职能，表现在CFO经常作为公司内部审计的负责人，要接受董事会的委托，履行财务专家职责，对公司管理层进行监督，督促管理者实现企业价值创造，降低企业的代理成本。CFO的战略支持职能，表现在CFO经常参与到企业的各种重大财务战略和决策活动中，及时提供资金、财务方面的支持，从而为企业创造更大的价值，实现经营业绩的稳定增长。

贺正强和伍中信（2008）从财权及其配置的角度进行经济学分析，勾勒出财权的概念框架以及配置逻辑，提出财务控制权包括财务决策权、财务执行权和财务监督权。从CFO的财务执行权来看，只有提高CFO在企业中的地位和话语权，才能保障其任职权力的实施。Florackis和Sainani（2018）研究发现，财务执行力强的CFO不太容易受到CEO

的影响，他们有能力制定公司的关键政策。Fama和Jensen（1983）将企业日常决策划分为决策控制和决策管理，前者主要指提供决策选择、绩效考核和奖惩监督方面的建议，后者主要指提供建议和执行决策。

CFO作为公司的高管成员之一，是企业财务管理和财务战略决策过程中的核心人物，拥有丰富的财务知识和专业技能，对公司财务报告质量、会计信息披露和公司财务决策都具有不可忽视的影响。Bedard等（2014）、向锐（2015）、孙光国和郭睿（2015）指出，应当完善现代公司治理结构，并让CFO通过持股进入董事会成为董事会成员，这样才能更好地发挥CFO参与决策、履行监督的职能，同时避免和制约CEO的强权压力，抑制公司的过度投资行为和财务重述行为。CFO是制约和监督CEO的一种牵制机制，与CEO任期交错能有效抑制公司盈余管理程度（姜付秀等，2013），CFO能否进入公司的董事会，直接体现为是否拥有更多的话语权，提升其财务执行力和影响力，特别是在公司的财务领域中，CFO的专业知识通过改进的沟通渠道得到其他董事会成员的关注，CFO往往比CEO在财务决策方面拥有更多的话语权。Chava和Purnanandam（2010）研究发现，CFO作为财务决策的制定者，在公司财务决策中的重要性远大于CEO，其个体特征必然会影响公司的债务融资行为。翟淑萍等（2018）认为，CFO的财务执行力对企业战略选择、会计信息产出以及财务决策具有重要影响。Geiger和North（2006）、Geiger等（2006）均认为CFO对财务报告和企业可操纵利润起着决定作用。俞雪莲和傅元略（2017）指出，CFO出于谨慎性的职业本能和商业伦理道德要求，有强烈的意愿去降低财务违规的概率和严重程度。Graham和Harvey（2001）强调CFO的主要工作目标是获取和保持企业财务弹性水平，尽可能减少因多变的外部竞争环境对企业投资机会的影响。

2.3.2 CFO核心胜任能力发挥的经济后果

从已有文献来看，对CFO核心胜任能力发挥的经济后果的研究相对较少。叶梦婷（2016）以CFO胜任能力为切入点，实证检验其对内部控制有效性的影响，并从专业胜任能力、组织胜任能力和个人胜任能力等维度分析了CFO胜任能力所带来的影响。

大部分学者从与CFO能力相关的单一维度进行了研究。Ge等（2011）研究表明，CFO如果具备CPA资格，则会对公司的盈余操作产生显著的负向影响。向锐（2015）研究发现，CFO财务执行力越强，越能够抑制非效率投资，有效发挥公司治理作用，抑制企业过度投资和投资不足。Ball等（2012）认为当CFO处于较高地位时，出于规避风险的目的，CFO会选择更为稳健的会计政策，提高会计稳健性，管理者机会主义行为影响会计政策的可能性越低。陈汉文和刘思义（2016）认为，排序靠前的CFO享有更大的权力，能够获得更多履行职能所需的信息和资源，在公司决策过程中拥有更多的话语权，从而实现其管理职能。余玉苗和杜天然（2017）研究认为，CFO专业能力越强，以企业现金持有收益与现金持有价值度量的企业现金持有效率越高。李四海等（2017）研究认为，CFO的专业背景影响企业对交易性金融资产投资的偏好，具有财务会计专业背景的CFO的行为更加稳健，更加注重企业长期价值的实现。李雪松等（2019）研究也认为，CFO具有审计背景会显著提高企业会计稳健性。宁美军等（2018）研究发现，CFO财务执行力能够保证财务报表的真实性、合法性，从而提高财务报告质量。翟淑萍等（2018）研究认为，CFO财务执行力能够抑制战略差异对企业经营风险的影响，降低投资者感知的信息风险，进而弱化或缓解企业融资活动的负面影响。王福胜和程富（2014）研究发现，CFO的个人特征会显著影响企业会计政策的选择。彭情和郑宇新（2018）、路军伟等（2019）均认为CFO兼任董秘能提高企业财务报告披露质量，降低发生股价崩盘风险的可能性。蒋德权等（2018）研究发现，CFO地位对股价崩盘风险产生影响，随着个人地位的提高，能有效降低企业股价崩盘风险。Frank和Goyal（2009）研究发现，CFO能显著影响公司负债比率和公司债务结构。Lins等（2010）通过调查研究发现，企业的CFO会根据未来投资机会的多少以及货币政策松紧程度来调整其信贷额度，根据信贷规模再选择储备财务弹性水平，以满足未来资金需求。Florackis和Sainani（2018）考察了CFO特征对企业现金持有政策的影响程度，证明CFO特征指数越大的公司，由于其较弱的防范动机和在金融压力时期获得外部融资的能力较强，持有较少的现金。向锐和王颖颖（2019）认为CFO进入董事会成为董事会成员后能增强企业驾驭金融资本市场的机会，提升企业营运资金使用和价值创造的能力。

2.4 财务弹性研究现状

2.4.1 财务弹性的影响因素

早期对财务弹性影响因素的研究主要是从现金持有和财务杠杆两个角度进行的，较多的是考察内部因素（企业特征、财务特征和公司治理等）以及外部环境因素（宏观经济环境和产品市场竞争等）。

（1）内部因素对财务弹性的影响

Opler等（1999）研究证实，上市公司的现金持有水平对公司规模、负债比率以及外部筹资的难易程度具有负面影响，而与公司未来的投资机会、现金流量具有正面影响。这项研究堪称经典文献，对现金持有的后续研究产生深远的影响。Ang和Smedema（2011）研究指出企业当前现金持有量取决于未来经济衰退的可能性，在经济衰退期间，企业最可靠的资金来源是内部来源，外部资本及其当前的现金持有量会影响其准备能力。Almeida等（2004）研究认为，当公司的外部融资约束程度较高时，公司现金持有水平与现金流量呈正相关，此时更需要提高公司资金的流动性和现金持有量。宋常等（2012）从公司特征的角度研究发现，高额现金持有的公司具有一定的优势，普遍具有盈利能力较强、成长性较好，并且股利支付水平较低、代理成本较低等特点。

Mayers（1977）、Fama和Jensen（1983）从公司特征的视角探究内部因素对负债比率的影响，认为公司规模会对融资产生积极的影响，相比规模小的公司，规模大的公司拥有较高的贷款能力，融资相对比规模小的公司要容易，因此，规模大的公司负债水平较高。Lambrinoudakis等（2019）认为公司的财务杠杆与对公司投资机会的未来冲击的期望成反比，在预期会遭受投资冲击的情况下，公司会采取积极行动，降低财务杠杆，以应对未来的预期借款。

Almeida 和 Campello（2004）研究发现，管理层持股水平低的企业即便在现金流充裕、融资约束水平低的情况下，仍然持有较高的现金水平。Dittmar 等（2003）、Harford 等（2009）认为，终极控制人性质、股权特征和董事会特征等公司治理因素也会影响现金持有量和财务杠杆。廖理和肖作平（2009）研究发现，管理层持股比例与公司现金持有水平之间呈现正相关关系。郑鹏（2015）研究发现，第一大股东持股比例、公司股权性质、董事会规模、两权分离度等公司治理相关因素对财务弹性的影响显著。

Campello 等（2010）研究发现，当公司内部资金不足时，现金流可以增加公司的信贷额度。Lins 等（2010）研究发现，公司 CFO 在进行财务弹性储备选择时，会充分考虑未来投资机会，根据投资机会的好坏来调整其信贷额度，进而进行财务弹性水平储备，以满足未来资金的需求。Rapp 等（2014）研究了内部现金流与财务弹性价值效应的关系，结果发现当公司内部现金流不足时，财务弹性发挥的价值效应更加明显，而当内部现金流充足时，财务弹性发挥的价值效应较低。Marchica 和 Mura（2010）研究表明，公司可以通过维持较低的财务杠杆来储备财务弹性，为了有效应对未来出现的投资机会，可以利用举借债务方式来获得资金。Arslan 等（2014）研究发现，公司的剩余举债能力与未来投资机会正相关，因此，当公司预期未来可能出现较好的成长机会时，可以通过剩余举债能力来储备财务弹性。刘名旭和向显湖（2014）研究发现，成长性高的公司，由于前期投资比例较高，可用于抵押融资的资产较少，所以在公司成长性或投资机会较好时，公司会选择储备较高的财务弹性水平。

（2）外部环境因素对财务弹性的影响

金融危机爆发后，宏观经济环境、组织模式和产业政策急剧变化，这些促使企业的财务政策也会发生改变。Whited 和 Riddick（2007）、Bates 等（2009）研究发现，由于外部环境的动态性不断增强，因此公司的收入和现金流具有更大的不确定性，公司会预先储备更多的现金。邱静（2016）研究认为，货币政策不同，企业的外部融资约束程度不同，财务弹性储备水平也有所差异，银根紧缩的货币政策会减少贷款供给，银根宽松的货币政策使得企业容易得到信贷融资，企业应根据货币政策环境的变化适时调整其财务弹性储备水平。Killi等（2011）研究发现，企业财务弹性的价值与所处的经济环境密切相关，当环境不确定性较大时，企业受到的财务冲击更明显，此时储备的财务弹性能够发挥更大的价值。沈维涛等（2014）研究发现，金融危机显著降低了企业的投资规模，提高了企业投资现金流的敏感度，财务弹性能够起到缓解作用。潘海英等（2019）认为，金融危机是环境不确定性的极端表现，金融危机会给企业价值带来显著的负面冲击，企业前期储备的财务弹性能够对金融危机外生冲击带来的企业价值降低起到明显的缓冲效应。

Arslan等（2014）研究发现，具有财务弹性的企业更有能力去应对外生冲击造成的不利后果，在金融危机爆发之前，财务弹性储备水平不同的企业，其投资支出和企业绩效无显著的差异；而在金融危机爆发期间，企业资金链面临着内外部的双重冲击，企业面临的融资约束程度增加，持有资金的重要性凸显，财务弹性储备水平较高的企业，投资支出和企业绩效下降更为缓慢，这与Killi等（2011）的研究结论一致。刘名旭和向显湖（2014）研究认为，在经营环境复杂多变时，企业必须保持超强的动态适应能力，环境不确定性越大，企业的现金流波动越大，财务弹性带来的价值创造也就越明显。王满等（2015）从环境不确定性的视角考察了财务弹性的价值效应，在非国有企业中更显著。另外，在产品市场竞争方面，Campello（2006）研究发现，财务杠杆率高的企业往往在生产经营中受到财务杠杆率低、现金流充裕企业的冲击，那些因现金流短缺而陷入财务困境的企业主动退出竞争市场。

也有学者认为银企关联可以降低企业融资难度，帮助企业获得更多的贷款、更高的信用额度、更好的信贷条件以及更低的融资成本（邓建平和曾勇，2011；Ciamarra，2012）。张改清和祁怀锦（2017）研究发现，当企业存在银企关联或政企关联时，会获得诸多便利与优惠，银行信贷行为相对频繁，倾向于储备较低的财务弹性水平，并且当货币政策紧缩时，依靠这种资源获取优惠与便利更加重要，对财务弹性的负向影响更为显著。Gu等（2019）研究了政治影响力对企业财务弹性和向目标杠杆比率调整速度的影响，发现处于具有较高政治优势环境中的企业可以更快地进行调整，在国有企业中，党员身份高管或对政治不确定性变化承受低风险的企业调整得更快。

综上所述，国内外学者针对财务弹性影响因素问题进行了一定的研究，但在影响因素的选取上相对缺乏系统性，而且少有学者基于高管特质视角研究财务弹性的影响因素，作为公司管理层核心成员的CFO，比其他高管对企业的财务决策产生更直接单独的影响（Weili等，2011），这也为本书的研究提供了契机。

2.4.2 财务弹性的储备方式

在财务弹性的储备方式上，学者们提出综合利用多种财务政策。从已有研究来看，可以通过从企业经营现金流量、债务融资、股权融资、提高留存收益、商业信用等五种途径获得财务弹性，而且更加倾向于通过综合运用多种财务政策来储备财务弹性。

（1）财务弹性储备的现金持有方式

已有研究表明，现金储备能为企业创造战略机会，超额现金持有是企业获取财务弹性的主要内部资金来源。Keynes（1936）对现金持有动机进行了研究，认为企业持有一定的现金可以节约筹资成本或清算资产过程中产生的交易成本。现金持有动机（Cash Holding Motive）主要有交易性动机（Mulligan，1997）、预防性动机（Opler等，1999）和投机性动机（Blanchard等，1994），而预防性动机或投机性动机预先保留一定现金，这是公司现金持有的出发点，也是获取和保持财务弹性的目的。之后，学术界又提出了税收规避动机（Foley等，2007）以及由代理问题引发的管理层自利动机（即代理动机）（Jensen，1986）或控股股东自利动机（Myers和Rajan，1998）。当资本市场是完美的，不存在市场摩擦时，也就不存在内外融资成本差异，各种融资方式可以完全替代（Miller和Modigliani，1961），此时企业也不需要持有或保留多余的现金。但在现实中，资本市场是不完善的，并且外部融资环境也是不断变化的，这些不确定性的存在使得企业通常会储备更多的现金。Myers和Majluf（1984）提出了融资优序理论（Pecking Order Theory），认为公司为了保持一定的财务弹性，会预先持有一定量的现金，只有这样才能有效避免当公司股票价格被低估时，还要通过发行股票来筹集资金。Opler等（1999）指出当行业风险加大时，企业偏向于超额持有现金以节约交易成本，为潜在的投资机会提供资金也是节约筹资成本。

也有学者从财务弹性视角进行现金持有动机的研究。Soenen（2003）认为财务弹性具有“利用”属性，为了更好地把握投资机会，应对资金需求，企业需要通过持有现金来储备财务弹性。祝继高和陆正飞（2009）研究发现，银根紧缩的货币政策限制了企业的融资能力，企业持有现金可以有效规避融资风险。Ramezani和Cyrus（2017）认为现金储备能为企业创造财务弹性和战略机会。

上述学者们的研究从不同视角基本上支持了现金持有动机是企业的财务弹性安排，但是根据权衡理论，企业持有现金是有成本的，如果企业现金持有量过高，一方面会增加持有现金的机会成本，另一方面也会带来一定的代理成本（Jensen，1986）。因此，企业持有现金需要在现金的成本和收益之间进行权衡，企业通过现金持有方式来储备财务弹性是否是较为理想的储备方式，需要进一步检验。

（2）财务弹性储备的财务杠杆方式

自从Miller和Modigliani（1958）提出MM定理以来，大量学者从不同视角研究了财务杠杆与企业价值之间的关系。Graham（2000）研究发现，当公司的规模较大、财务状况较好时，通常会采取更为保守的财务政策，这使得企业盈利能力更具有持久性。Minton等（2001）研究表明，企业的负债融资能力非常重要，它为企业捕捉未来潜在的投资机会、实施并购或进行股票回购活动提供了条件。

通过维持低财务杠杆水平储备财务弹性的观点得到众多学者的研究证据支持（Bancel，2004；Brounen，2006；Rapp等，2014）。Gamba等（2008）也指出，企业储备负债融资弹性有利于应对不确定性带来的各种冲击，储备的财务弹性既可以预防盈余下滑带来的不利影响，还能把握未来有利的投资机会。Harford等（2009）研究发现，并购活动中企业并购前的低财务杠杆是竞标企业为并购投资储备财务弹性的有力手段。Marchica和Mura（2010）通过研究发现，企业维持一段时间的低财务杠杆政策后，获得了财务弹性，能够进行较大额度的资本支出，并且超常规投资也有所增加。保守的财务杠杆政策可以维持可观的尚未使用的借款能力（Modigliani 和 Miller，1963），对储备财务弹性水平具有重要作用。

此外，部分学者还强调了负债比率对储备财务弹性的重要作用，认为剩余举债能力是一种积极的信号，可以从信用额度和商业票据两个方面来优化负债结构，因为它们可以被视为对外传递的一种财务稳健的信息，这种信号有利于形成产品市场竞争力。Sufi（2009）认为信用额度是企业未来贷款的一种期权，可以完全替代现金持有水平，因此企业可以通过适时调整信用额度来储备财务弹性。曾爱民等（2013）以金融危机为冲击事件，研究了企业偏好保守资本结构的动机，认为保守的财务杠杆政策能够增强企业的财务弹性水平，从而能够更好地防范和应对未来的不利冲击。Rapp 等（2014）研究发现，股东认为当股利支付较低时，财务弹性更有价值，他们更喜欢股票回购股利，并保持较低的财务杠杆比率。汪金祥等（2016）研究发现，高额现金持有和低负债是企业抵御金融危机的重要手段，企业采取的零负债行为，是保持财务弹性的战略选择，不完全因为是外部融资约束。然而，也有学者认为低财务杠杆不一定是企业的融资能力强，而是难以从资本市场上获得有效融资（Acharya 等，2007）。

（3）财务弹性储备的股利政策方式

股利政策是公司三大财务决策之一。DeAngelo（2007）研究认为，坚持发放现金股利以及较低的财务杠杆水平均是出于保持财务弹性的需要，这样的企业将较易进入外部资本市场。关于股利政策与储备财务弹性水平的研究，主要存在两种观点：第一种观点认为，企业可以通过持续的现金股利支付来储备财务弹性水平；第二种观点认为，企业可以通过股票回购的方式来储备财务弹性水平（Daniel 等，2007）。

支持第一种观点的学者认为，根据自由现金流假说，当企业拥有过多的现金时，可能会成为管理层谋取个人私利的工具，产生严重的代理问题，如果将过多的现金向股东以股利的方式发放，既可以降低企业的代理成本，又会向市场传递积极的信号，最终使得股价上涨，这为企业的后续外源融资创造了有利的条件，增强了企业的财务弹性。Guay 和 Harford（2000）研究结果表明，当企业拥有稳定的现金流时，会倾向于选择支付较多的现金股利。

支持第二种观点的学者认为，企业可以采用股票回购的方式来储备财务弹性。因为在股票回购财务政策下，企业的现金流不会马上流出，它只是企业未来的一种选择权，这种选择权能够使企业面临未来有利投资机会或遭遇不利冲击时，可以通过取消股票回购计划的方式来提高企业的财务弹性。Grullon 等（2002）研究指出，现金股利和股票回购之间存在着替代关系，并且有逐步增强的趋势，无论是处于成长期还是成熟期的企业，选择股票回购的方式越来越多。Brav 等（2005）、Rapp 等（2014）以及 Bonaimé 等（2014、2016）研究发现，与正常股利相比，企业更愿意进行股票回购，而不是支付现金股利，由于股票回购提高了企业的财务弹性水平，因此能够获得管理层的普遍支持。王译晗等（2018）研究发现，研发支出占营业收入比例较高的企业，由于面临较高的研发投入，倾向于支付较低的现金股利，以维持财务弹性水平。邓康林和刘名旭（2013）的研究结果表明，企业的经营环境和储备的财务弹性水平都是影响现金股利政策的重要因素，企业的经营环境越复杂，财务弹性水平储备较低的企业越倾向于分配较低现金股利。Booth 等（2019）通过检验企业支出政策，研究了进口竞争对企业偏好财务弹性的影响，结果表明企业面临进口竞争风险时，支付常规股利的可能性较小。彭胜志和马小红（2020）研究认为，财务弹性是企业现金股利决策的一项重要影响因素，财务弹性较高的企业有着更强的现金股利支付意愿，而且正向影响企业现金股利支付水平。

（4）多种财务政策综合运用

近些年的研究表明，企业更倾向于综合安排多种财务政策来储备财务弹性。DeAngelo 和 DeAngelo（2007）首次提出了系统研究财务弹性问题的理论（DD 理论），该理论对财务弹性的获取与保持进行了比较完整的分析，同时提出通过运用现金融资能力、负债融资能力以及权益融资能力等多种财务政策相结合的方式来储备财务弹性。由于高额现金持有会产生严重的代理成本，因此，企业在储备财务弹性时，一方面要考虑采用现金持有的方式，另一方面也要考虑外部资本市场上的筹资渠道。一种渠道是通过保留较低的财务杠杆来储备财务弹性，它能够有效降低现金持有的代理成本；另一种渠道是通过持续的权益支付来储备财务弹性，它既可以有效降低现金持有的代理成本，又能够向外部市场传递积极的信号，从而为后续融资提供有利条件。Byoun（2011）将企业按照规模性和成长性两类指标进行分类研究，结果发现规模较小且成长机会较好的企业，财务弹性储备的动机会更强，并且倾向于通过多种财务政策相结合的方式来获取财务弹性。曾爱民等（2011）认为单一的财务政策虽能获得财务弹性但会损害公司价值，企业应该运用多种财务政策来储备财务弹性。应采用多指标结合法度量财务弹性，用企业的现金弹性和负债弹性来综合反映企业的财务弹性。由于在我国特殊的背景下，上市公司进行股权再融资时，受到证监会的股权融资资格严格管制且耗时较长，因此，企业很难通过权益支付的方式来储备权益弹性，可以忽略不计。崔也光和由晓玮（2019）研究认为，单纯的现金弹性政策和组合的财务弹性政策都会促进企业进行研发投入，但是组合的财务弹性政策对研发投入的促进作用更强。

综上所述，关于企业财务弹性的内在构成或来源，主要通过内部资金来源和外部资金来源来获取和保持财务弹性，可以通过持有现金、保持低财务杠杆以及股利政策（即现金融资能力、负债融资能力和权益融资能力）等几个渠道或方式来储备财务弹性，但通过单一的财务政策来储备财务弹性，一方面会损害公司价值，另一方面很难满足企业的融资需求，因此大量的学者主张将多种获取途径纳入统一的分析框架。

2.4.3 财务弹性的经济后果

财务弹性作为企业的一项财务政策，具有“预防”和“利用”属性，体现了企业的一种筹资能力和把握未来投资机会的能力，这些能力最终产生一定的经济后果，主要是围绕投融资行为和企业业绩两个方面展开的，具体体现在财务弹性对企业投资行为的影响以及财务弹性的价值效应方面。

（1）财务弹性与企业投资行为

投资是企业生产经营中一项重要的财务决策。财务弹性对企业投资行为的影响研究主要分为两种情境：一是在正常的经营环境中，检验财务弹性对投资效率的影响；二是当出现不利冲击时，检验财务弹性能否帮助企业寻找潜在有利的投资机会与投资空间。早期主要侧重于财务弹性的一个方面，大多从现金持有的角度进行研究，充足的现金储备有利于企业保持较高的财务弹性，避免企业陷入财务困境以及捕捉未来投资机会，特别是在经济危机或经济不景气的时候其作用尤为明显（Opler等，1999；Soenen，2003）。充足的现金储备可以提高企业的未来投资水平，可以有效减少不利冲击对企业投资的影响（Campello等，2010；Brown和Petersen，2011）。顾乃康等（2010）以现金持有水平度量企业财务弹性，并采用拟合值法、中位数法、三分位数法等方法界定财务弹性，研究发现财务弹性与企业的投资水平正相关。

企业保持较低的财务杠杆，具有借贷能力时，也可以显著促进企业的投资（Marchica和Mura，2010；Aivazian等，2005）。Marchica和Mura（2010）认为当市场存在摩擦时，如果企业预期到未来会出现有利投资机会或者遭受不利冲击，就应当采取持续的低财务杠杆政策，以储备负债融资能力，满足未来投资需要。通过这种方式，财务弹性强的企业为获得外源资金储备了充足的剩余举债能力，因而在未来具有更强的投资能力。

马春爱（2011）通过结合现金持有、财务杠杆和外部融资成本指标构建了多维的财务弹性指数，研究了企业的非效率投资问题。结果表明，财务弹性能够在一定程度上抑制企业的非效率投资行为，并且这种抑制作用呈现出一定的区间特性，高财务弹性企业更容易出现投资过度问题，极高或极低的财务弹性水平时经常表现为投资不足。曾爱民等（2013）以金融危机为背景研究发现，金融危机爆发前财务弹性储备越高的企业，在金融危机期间越善于抓住投资机会，且投资支出明显高于财务弹性储备低的企业，结论与Arslan等（2014）的研究基本一致。李沁洋等（2018）研究了董事高管责任保险在财务弹性与企业投资效率之间起到的公司治理作用，财务弹性与投资过度正相关，与投资不足负相关，董事高管责任保险削弱了财务弹性与企业过度投资之间的正相关关系，增强了财务弹性对企业投资不足的抑制作用。

综上所述，早期有关财务弹性与企业投资的影响大多是从财务弹性的一个侧面展开。当出现不利冲击时，储备的财务弹性可以帮助企业寻找有利投资扩张机会以提升企业价值，而在正常的经营环境下，储备的财务弹性对企业投资来说是一把双刃剑。因此，企业应当储备适量的财务弹性，不能盲目提高企业财务弹性储备水平。

（2）财务弹性与企业价值

企业价值最大化已成为企业调整资本结构以及投融资决策的重要考量。大量学者从现金持有和负债比率两个角度分别研究财务弹性对企业价值（会计业绩和市场业绩）的影响。Mikkelson 等（2003）以美国上市公司数据为样本，根据现金持有量对样本企业进行分组，结果表明，在现金持有较高组，企业的业绩水平较高；而在现金持有较低组，其业绩水平较低。Dittmar 和 Mahrt-Smith（2007）从公司治理机制的有效性视角研究了财务弹性的价值效应，研究表明公司治理缺失会导致现金资源的浪费，从而降低了财务弹性的价值效应。Kusnadi（2011）研究发现，当企业治理水平下降时，企业现金持有与企业价值呈负相关，负债还本付息的特征在某种程度上能有效约束经理人对企业财务资源的任意支配，财务弹性高的企业为了尽可能地保留剩余举债能力，削弱了负债的相机治理效应。Zingales（1999）研究认为企业的负债融资能力在应对外部环境变化的时候能够起到显著的作用，负债融资能力同样也是保证企业价值创造和持续发展的重要因素。

也有学者从综合财务弹性角度进行了研究，Gamba 和 Triantis（2008）认为，储备高额财务弹性的企业在经营活动中具有更好的灵活性，投资弹性偏低时，财务弹性对企业价值有显著影响，当投资机会出现时能够及时以低成本获得投资资金，而当危机发生时又能有效避免陷入财务困境的可能。马春爱（2011）研究了财务弹性与企业的非效率投资问题，认为适度的财务弹性有利于抑制非效率投资，进而影响企业价值。Arslan 等（2014）研究发现，在金融危机期间，财务弹性储备较高的企业取得的业绩显著高于对照组企业（即财务弹性储备较低的企业），并且财务弹性储备较高的企业其投资现金流敏感性也相对低于财务弹性储备较低的企业。何瑛和张大伟（2015）研究发现，负债融资改善了企业的公司治理水平，与国有企业相比，非国有企业负债的治理效应更为明显。王满等（2015）从环境不确定性的视角考察了财务弹性的价值效应，研究发现财务弹性具有价值增值效应，尤其是在非国有企业面临不确定性越大时越明显。潘海英等（2019）研究发现，财务弹性对企业价值具有显著促进作用，相比国有企业和大型企业，非国有企业和中小企业储备的财务弹性在缓冲金融危机带来的负面冲击以及提升企业价值方面具有更为显著的作用。刘嫦等（2020）研究发现，财务弹性显著增强了企业的成本黏性，财务弹性主要通过调整成本路径增强成本黏性，实物资本投资和创新投资是财务弹性作用于成本黏性的部分中介。

综上所述，现有文献肯定了财务弹性的积极作用，表明财务弹性的储备能为企业带来价值上的平稳增长，财务弹性具有“预防”和“利用”属性，能够为企业发展提供战略财务资源，使企业获得市场竞争优势。但现有研究并没有体现财务弹性储备的适度思想，更忽略了财务弹性带来的代理问题。

2.5 文献述评

伴随着理论界和实务界对财务弹性重视程度的不断提高，财务弹性领域相关问题的研究也获得了长足的发展。通过对国内外学者关于CFO核心胜任能力文献的回顾，可以发现CFO核心胜任能力的理论与应用问题也在不断得到重视和研究。

可以看出，财务弹性是财务风险管理的集中表现，是一种以低成本获得资金重构，实现企业价值最大化的能力。保持适量的财务弹性不仅是企业财务管理的追求，也是企业财务风险管控的核心目标。

在财务弹性的影响因素方面，学者们主要是从现金持有和负债比率两方面分别进行研究。其影响因素主要包括：宏观层面的经济环境、中观层面的行业特征以及微观层面的企业个体特征等。但一些学者认为，现金持有和负债比率是相互影响的，为了消除财务弹性内部的相互影响，应该将现金持有决策和资本结构决策相互融合，纳入财务弹性统一的分析框架下。对企业的整体财务弹性，主要从外部环境不确定性、货币政策和内部特征现金流、前期投资比例、未来投资机会及生命周期来探讨其影响因素。然而，无论国外抑或国内，学者们都忽略了企业高管对资金的筹集和调用产生的重要影响，特别是CFO比其他高管对企业的财务决策产生更直接单独的影响，财务弹性储备已经成为企业管理者特别是CFO关注的焦点，被视为财务决策的首要因素，这也为本书的研究提供了契机。

在财务弹性决策的经济后果方面，现有文献的研究成果主要集中在投资行为和企业融资方面，表明企业财务弹性储备能够保证充足的自由现金流，为企业带来价值上的平稳增长，为企业的战略布局提供财务资源上的资金支持和保障，肯定了财务弹性的“预防”和“利用”属性，当陷入企业财务困境时可以解决企业融资约束问题以及通过财务政策、预算管理等解决企业财务资源重构与重新配置的问题。而且大部分的研究主要围绕超额现金持有和低财务杠杆两者中的单一侧面展开，缺少整体性和系统性。已有研究偏向于强调财务弹性的积极效应，忽略了财务弹性的负面效应。

财务弹性储备虽然能够为企业生存和发展的不确定性带来缓冲效应，提升企业抵御风险的能力，然而任何事物都存在着两面性，过高的财务弹性储备水平也会给企业带来一定程度上的困扰。企业的现金持有和负债比率这两个因素都会引起企业的代理问题，产生财务弹性带来的代理冲突。过高的现金持有储备和较低的负债比率水平都会给企业的管理者带来更大的寻租空间，诱发管理者的自利行为，导致企业的管理者很有可能为了追求个人利益而缔造“商业帝国”，引发非效率投资等机会主义行为，从而做出损害企业价值提升的决策。现有研究成果较少体现出财务弹性储备的适度思想，忽略了财务弹性过高可能滋生的代理问题，缺乏对财务弹性本身特征的挖掘和思考，更缺乏对我国特殊制度背景下的企业财务弹性特有问题的探索和研究，忽略了CFO核心胜任能力对财务弹性决策产生的产品市场竞争效应和企业价值效应问题。

在CFO核心胜任能力方面，本书更多地从个人特征角度出发，阐述其在公司治理和公司管理中的作用，如对会计稳健性、盈余管理、过度投资、财务报告质量、会计政策选择等方面的影响。CFO经常作为公司内部审计的负责人，接受董事会的委托，负有对公司管理层进行财务监督，同时行使着公司战略支持的职能，负责公司财务战略制定与实施，CFO的核心胜任能力等无疑会对企业财务决策产生重要的影响。CFO的关键职能是风险管理和内部控制，在我国经济制度还不够完善、CFO制度还不够健全的情况下，从理论深度挖掘CFO职能的发挥对企业财务决策产生的效果及其影响因素，为完善我国CFO相关制度提供了理论依据。现有文献中对CFO核心胜任能力的研究较少，对CFO核心胜任能力所带来的经济后果鲜少关注。实现对CFO核心胜任能力的合理度量对于其在公司治理领域的发展具有增量贡献，也为解释CFO财务决策行为提供了重要的理论支撑和经验证据。正因为如此，CFO核心胜任能力对公司财务决策行为的影响逐步成为公司治理领域不容忽视的研究话题。

针对上述不足之处，本书将在研究思路、研究内容、研究方法和经验支持上尝试进行一些新的探究，以期在理论研究和实践指导等方面做出一点贡献。

3 制度背景与理论框架

3.1 CFO制度特征与职能界定

CFO全称是Chief Financial Officer，可翻译为首席财务官，目前国内对Chief Financial Officer的翻译主要有财务总监、首席财务执行官、总会计师、首席财务官、财务负责人等。其中，总会计师是我国独有的针对国有企业财务负责人的法定称谓。

3.1.1 国内CFO的内涵边界与职位范畴

（1）CFO的内涵与边界

CFO的内涵与边界问题是CFO理论研究中的基本问题，也是实践中亟待解决的问题。CFO一般翻译为首席财务官，是企业内部分管财务管理和会计管理工作的最高领导，在我国主要是指公司财务部门负责人，主要包括首席财务官、财务总监、总会计师、财务负责人等。在我国，由于上市公司股权结构和公司治理机制的不同，CFO制度建设相对不够健全，称谓不尽相同，根据上市公司的年报实际披露情况，还可包括财务经理、财务主管、财务机构负责人、分管财务的副总经理、分管财务工作负责人等称谓。

理论研究中，普遍认为CFO即是企业的首席财务官、财务总监或总会计师（戴璐和汤谷良，2009）。鉴于我国的管理实践，CFO、财务总监、财务负责人、总会计师、财务经理、财务主管等职位主要职责相同，具体职责范围有所差异，且一般不设置同类重复岗位，因此，将上述称谓视为同义。

（2）职位范畴

CFO制度最早起源于20世纪70年代的美国，是为抑制公司“内部人控制”等代理问题而设计的制度安排，其同时在董事决策层和高管执行层担任重要职位（Anthony，2004），强调其在公司治理层面的制衡，解决现实中公司存在的委托代理难题。由公司产权所有者股东委托CFO对公司经理层的职业行为和运营效果进行监督，以规避内部人控制、道德风险等问题，进而满足产权所有者股东对经理层的监督，通过公司治理功能和公司管理职能的发挥，从而实现CFO制度与企业价值创造的有机统一。

CFO的职责也从传统的财务职能逐渐转变为制定公司财务战略并组织实施、提供公司重大决策方案的财务决策与评估。特别是一连串财务丑闻案件曝光之后，越发加重了人们对CFO角色的期待，强调了公司管家的身份，要求所有上市公司CEO和CFO同时在财务报表上签字，企业CFO与CEO形成一种战略合作伙伴关系，并且在公司治理结构中拥有相同的法律地位。CFO甚至是比肩CEO及董事长的重要职位，是企业战略的管理者和价值管理的中枢，成为公司的价值工程师（Price Waterhouse，1999）。CFO站在股东和经营管理者之间的位置，掌握企业的财务风险、成本和价值，是公司重要的战略决策制定和执行者之一（IFAC，2001）。

当前，企业面临的经济环境、社会环境、市场环境发生了深刻变化，经济发展已由高速增长转变为高质量增长，经济全球化进入调整期，数字经济转型发展是其主要特征（张庆龙，2020），这种环境为公司的治理和运营管理带来了挑战。现代市场经济从本质上说是一种市场竞争经济，而市场竞争最突出的表现是高层次管理人才的竞争。CFO作为高层次管理人才，在现代市场经济和公司治理中必不可少。在世界知名企业中，CFO常常被视为与CEO同等重要的核心角色，CFO的权力甚至会影响企业的长远发展。王立彦（2019）认为，CFO这一制度安排的效果，有利于制衡管理层，增加经营监控，降低“内部人控制”程度，保护所有者利益。

3.1.2 西方国家CFO制度

美国从2002年7月1日起实施的《萨班斯-奥克斯利法案》（Sarbanes-Oxley Act）要求公司CFO和CEO共同在财务报告上签字，对会计信息质量的真实性负责，以提高公司财务信息披露的准确性和可靠性，强化公司治理和内部控制建设。在西方国家的CFO制度中，CFO的地位排名仅次于CEO，这样的地位使得CFO已经发展成为CEO的战略伙伴。CFO与CEO之间应互相依赖、互相制约，如果CEO制订的战略计划很激进，CFO应从公司股东利益和资源配置的角度考虑，对其进行必要干涉。普华永道（2002）在《CFO：公司未来的建筑师》一书中指出，CFO的角色与职责从战略管理到运营管理，包括财务战略、投融资管理（资本评价和配置、投资者关系）、风险管理、成本计划与预算、财政税务、财务活动和业绩管理。

CFO制度在公司治理结构方面的重要特征是CFO是否作为董事进入董事会，CFO在董事会闭会期间是否对CEO负责，CFO是否接受审计委员会的监督，CFO是否由董事会聘任或解雇，CFO是否作为高管团队成员并由董事会考核奖惩等。

肯尼思·麦钱特（Kenneth A. Merchant，1998）研究表明，在较大的公司里，财务管理功能一般被分为两大职能岗位：财务总监（Controller）和司库（Treasurer），前者主要负责基于战略执行的企业管理控制系统的设计与实施，如战略规划、业务预算、风险管理、投资管理等；后者主要负责基于金融市场的融资管理和基于资金的集约化管理。而在较小的公司里，常常合并这两大职能岗位（如图3-1所示）。

另外，为了保证CFO有效履行其职责，设置的内部审计委员会和董事会审计委员会可以起到监督CFO的作用。

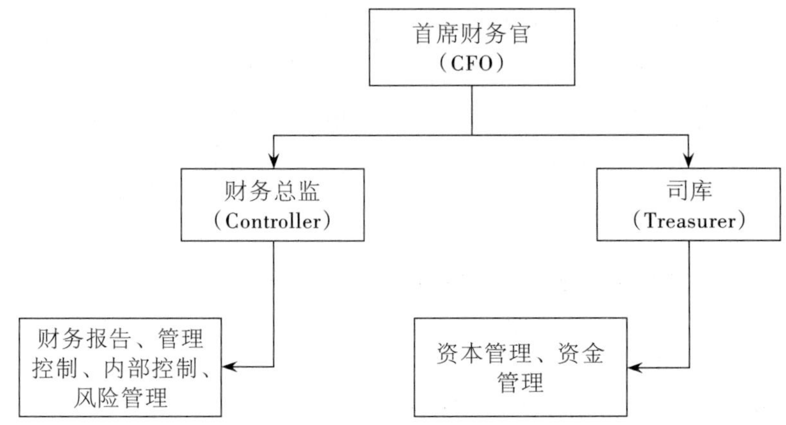

图3-1 财务高管两大层级的两大职能岗位

在美国，CFO扮演着更重要的战略角色，有超过85%的公司CFO在董事会中占有一席之地（Florackis和Sainani，2018）。在英国，CFO被认为是仅次于董事长和总经理的第三号人物。在德国，CFO更多的是扮演企业财务总监的角色。

3.1.3 我国CFO制度演变

2002年11月28日举行的中国总会计师协会第三次全国会员代表大会全体会议，通过了《中国总会计师协会章程》（以下简称《章程》），对中国总会计师协会的英文名称界定为“China Association of Chief Financial Officers”（CACFO），并正式以CFO的名称开展国际交流，CFO制度开始在我国建立①。《章程》第三条规定，本协会所指总会计师涵盖总会计师、财务主管、首席财务执行官、财务总监以及未设总会计师的财务部门主要负责人。

理论不仅来源于实践，更来源于置身于实践并作为实践规则的法律、法规，只有对实践有深刻的领悟和对法律、法规有正确的把握，才能将正确的理论建立在深入实践和清晰的法律、法规之上。近些年我国

① 企业界开始出现首席财务官岗位，相关理论与实践研究不断涌现。近些年来，以CFO为题材的论文、专著日渐增多，认为设置首席财务官岗位才是真正现代意义上的企业或公司治理结构。

颁布的关于CFO的主要法律和制度规定汇总见表3-1。

表3-1　近些年我国颁布的主要CFO法律和制度规定

法律和制度名称	颁布年份	颁布部门	主要内容
《总会计师条例》	1990	国务院	第三条　总会计师是单位行政领导成员，协助单位主要行政领导人工作，直接对单位主要行政领导人负责
《中国总会计师协会章程》	2002	中国总会计师协会	第三条　总会计师涵盖总会计师、财务主管、首席财务执行官、财务总监以及未设总会计师的财务部门主要负责人
《中央企业总会计师工作职责管理暂行办法》	2006	国务院国资委	第七条　设置属于企业高管层的财务总监、首席财务官等类似职位的企业或其各级子企业，可不再另行设置总会计师职位，但应当明确指定其履行总会计师工作职责
修正的《总会计师条例》	2011	国务院	第四条　凡设置总会计师的单位，在单位行政领导成员中，不设与总会计师职权重叠的副职 第五条　总会计师组织领导本单位的财务管理、成本管理、预算管理、会计核算和会计监督等方面的工作，参与本单位重要经济问题的分析和决策
修订的《会计法》	2017	国务院	第三十六条　国有的和国有资产占控股地位或者主导地位的大、中型企业必须设置总会计师。总会计师的任职资格、任免程序、职责权限由国务院规定
修订的《会计基础工作规范》	2019	财政部	第六条　大、中型企业、事业单位、业务主管部门应当根据法律和国家有关规定设置总会计师。总会计师由具有会计师以上专业技术资格的人员担任

3.1.4　CFO职能范畴与角色演变

（1）基本职能范畴

CFO的产生表明所有者利益的制度安排出现在公司治理中，是为了克服信息不对称引致的“内部人控制”、“逆向选择行为”及“败德行为”现象。CFO职能随着经济发展和公司治理结构的完善不断深化，从传统的财务监督职能向战略支持职能转型，最终到CFO承担着财务监督和战略支持双重职能。不仅要对外管理股东与管理者之间的关系、提供透明的财务报告和预测，而且要在内部推动企业价值创造活动，负有推动财务变革的重任（SNAI，2006）。杜胜利（2010）认为CFO在公司代表股东和董事会，对管理层进行财务监督，对股东的资本进行经营决策监督，对公司的经营成果和财务状况进行财务会计监督，并且进行管理执行监督。

CFO参与企业战略的制定和执行，一方面通过参与企业战略的制定，可以减少其他高管的机会主义行为；另一方面将财务管理工具充分运用到财务战略管理以及企业战略执行中，能够更好地推动企业战略目标的实现，实现企业价值创造。杨晓华（2007）提出CFO是以财务运筹为重任的战略管理者。中国总会计师协会（2019）认为CFO应从领导价值计量记录对外报告向价值工程师转型，从传统财务领导向服务战略支持决策转型，从CEO的副职向CEO的商业合作伙伴转型。关于CFO职能的描述可谓众说纷纭，但是，学者们的观点却都清晰表达了CFO的财务监督和战略支持两大基本职能并重（杜胜利，2010；吴江龙，2011）。CFO的财务监督职能主要是指CFO要接受董事会的委托对管理层进行监督，通过财务决策的执行和财务监督的实施，督促管理者为了公司价值创造而努力；CFO的战略支持职能主要是指CFO经常参与到企业的各种重大决策活动中，为各项战略方案提供决策建议以及提供资金、财务方面的支持。

（2）CFO职能与角色演变

随着公司治理结构的不断成熟和外部市场竞争的日趋激烈，CFO的职能定位由过去偏重财务业务处理转变为战略管理和财务监督职能，由偏重财务事务性工作倾向于注重价值创造和战略管理。

CFO作为企业战略的制定者、资本运营的主导者、财务部门的领导者，在应对企业战略转型、投资融资、财务管理以及企业重大决策事件时发挥着重大作用。CFO应该对谁负责？毋庸置疑，应该对股东负责、维护股东价值最大化，承担着经营责任和财务监管责任（Indjejikian和Matejka，2009；杜胜利，2010）。从发展趋势看，CFO将成为公司的价值工程师（Price Waterhouse，1999）、战略伙伴和公司管家，更加强调CFO承担的财务战略、融资战略、投资战略等战略职能，注重整合公司资源，创造公司价值（李朔和佟成生，2017）。CFO站在股东和经营管理者之间的位置，是公司重要的战略决策制定者、执行者以及管理监督者（IFAC，2010；杜胜利，2010）。SNAI（2006）指出，CFO正在成为公司价值管理的中枢和股东价值创造的纽带，负有财务变革的重任。Bernard等（2015）认为CFO的职能范畴主要是财务战略实施、会计信息系统构建以及资本运营与资金管理。Bedard等（2014）研究认为，CFO的关键职责在于维持企业内部控制有效性并编制财务报告。在实践中，CFO是企业内部控制建设的实际推动者和风险管理控制者，关注企业战略管理、核心经营、资源管理和风险管理等商业流程中存有的潜在风险和制度缺陷，通过实施风险预警、识别和应对，尽量使企业风险可知、可测、可控。

CFO从财务的角度对公司财务资源进行整合，对企业宏观战略决策提出意见，参与企业战略和业务的讨论，创造企业价值。CFO在公司未来的战略支持和变革中承担越来越重大的责任（Jiang等，2010；Kim等，2011）。CFO在企业管理中扮演着“战略计划管理者、公司价值管理者、流程系统管理者、业绩评价管理者、公司控制管理者”的角色（杜胜利，2003），制衡管理层、加强经营监控、降低内部人控制、保护所有者利益（王立彦，2019）。CFO的职能贯穿公司价值创造活动的全过程，主要包括战略管理、资源管理以及经营管理三个层面（SNAI，2006）。近些年，CFO成功转型CEO的现实案例越来越多，CFO要想成功转型CEO，应充分掌握企业的发展战略、资源配置以及资本运营等业务流程。

3.2 CFO核心胜任能力与财务弹性决策分析框架

3.2.1 财务弹性决策的理论分析

为了构建CFO核心胜任能力对财务弹性决策的影响框架，本书以筹资决策理论、经济后果理论为财务弹性决策的理论分析依据。

（1）筹资决策理论

按照现代财务学家的观点，财务信息在资本市场中具有信息功能和契约功能，财务经理负有两个主要责任，一是制定投资决策或资本预算（Capital Budgeting）；二是财务决策。决策者在进行决策之前，需要考虑搜集更多的信息后再决策，如同迈克尔·波特（Michael Porter）的理论，美国财务学者罗伯特·希金斯（Robert C. Higgins）构建了公司筹资决策影响其现金流的五种方式，也称为希金斯筹资决策五因素模型（如图3-2所示）。

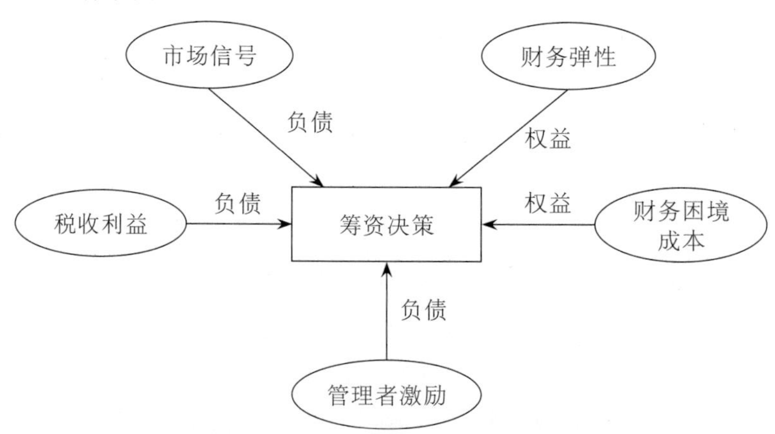

图3-2 希金斯筹资决策五因素模型

图3-2表明了单独考虑时每个因素的直接影响，其中财务弹性是公司筹资决策的重要因素。从技术角度来看，首先，市场信号反映公司筹资决策的一种外部环境，影响到投资者对公司未来现金流的一种预期，并不是公司当前产生的现金流；其次，由于债务融资具有“税盾”效应，从税收收益的角度出发，会促进公司进行债务融资方式；再次，出

于对公司财务困境成本（财务拮据成本）的考虑，公司需要权衡资本结构，考虑促进股权融资方式。一般来讲，举债一方面发挥“税盾”效应，同时也会带来财务困境成本和代理成本，根据权衡理论，公司需要选择适当的负债水平，在税收利益和不同成本之间进行权衡。总体来说，在负债水平较低时，债务融资的税收收益发挥着积极作用，然而随着举债的不断增加，财务困境成本上升到某一特定值后就会超过税收收益。因此，选择适当的债务水平需要仔细权衡这些抵销的成本和收益。

（2）经济后果理论

在 20 世纪 70—80 年代，形成了会计信息的经济后果理论（Economic Consequences Theory），该理论认为财务报告影响了资本市场的运作及其产生的经济后果，减少了信息不对称所引起的信息问题和代理问题，会计政策的选择会影响企业的价值（Zeff，1978；Scott，2006）。叶康涛（2019）研究认为，会计信息的质量对于产品市场、资本市场以及劳动力市场均会带来影响，企业的信息披露、融资行为等企业财务决策都需考虑这三大市场环境，它们直接或间接影响微观企业内部的价值创造，进而促进我国经济高质量发展。

Jensen（1986）提出了企业持有现金的经济后果，主要是持有高额现金会带来严重的代理问题，促使管理者缔造“商业帝国”，引发非效率投资等机会主义行为，进而损害企业价值。Frésard（2010）聚焦于现金持有对资本市场价值效应的研究，认为现金持有所带来的市场份额能有效提升企业价值。陆正飞等（2013）指出，现金持有具有产品市场竞争效应，并且产品市场竞争效应促进了市场价值效应，前者的影响效应更直接。Acharya 等（2007）基于现金被视作负债的认识，提出货币政策与产品市场之间的战略互动研究侧重于负债对企业产品市场竞争的影响，即现金持有的市场竞争效应。从本质上说，经济后果观认为财务弹性是企业一种重要的财务战略手段，财务弹性决策是有影响的，企业的财务弹性并非仅仅反映决策结果，而是会影响企业的价值及相关各方的利益。

经济后果理论表明，财务弹性反映内部系统的综合功能，这是风险管理过程的性能和结果的企业财务行为，反映公司财务适应能力、缓冲能力、协调能力以及各种企业财务行为的优化决策等信息资源配置。经济后果理论为CFO核心胜任能力对财务弹性决策影响效应，特别是与财务弹性阈值制定直接相关的效应提供了直接依据。

3.2.2 CFO核心胜任能力对财务弹性决策影响的分析框架

CFO核心胜任能力是其职能发挥的前提、力量之源和重要保障（吴江龙，2011）。为了进一步明确CFO核心胜任能力对财务弹性决策影响的内容，根据财务弹性决策影响的内涵及相关经验证据，从财务监督职能和战略支持职能两方面构建CFO核心胜任能力对财务弹性决策影响的分析框架。

（1）财务监督职能方面

CFO制度的建立就是为了克服信息不对称引致的“内部人控制”、“逆向选择行为”及“败德行为”现象，以缓解代理冲突，通过进行有效的财务监督来降低代理成本。CFO既是经营者更是监督者，他们充分运用自己的职业判断，对公司的财务状况进行监督，也对公司其他管理者的行为和决策进行监督。CFO必须对资本的运作负责，致力于内部控制、风险管理和组织监督，保证财务、会计与税收运作按照国家规定和法定程序进行。杜胜利（2010）提出，CFO代表公司股东和董事会，是连接投资者、股东、管理者与员工的桥梁，主要承担着对管理层进行外部财务监督、对股东资本进行有效管理、监督公司经营成果和财务状况的重要责任。

而CFO核心胜任能力是其发挥财务监督职能程度的一个主要决定因素。从信息经济学的角度来看，信息披露可以减少公司内部人与外部投资者之间的信息不对称，核心胜任能力强的CFO在规范信息披露、降低信息不对称方面发挥更重要的主导作用，有利于缓解资金提供者与企业之间的资源无法有效配置和使用的矛盾，进而降低企业未来融资成本，财务监督职能的发挥可以降低代理成本，在一定程度上减少管理层的机会主义行为，缓解股东与管理者之间的矛盾，提高公司治理效率。

(2) 战略支持职能方面

CFO是以财务运筹为重任的战略管理者（杨晓华，2007）。高智林和陈艳（2020）认为CFO作为公司的核心高管，能通过自己的财务执行力影响公司战略的选择，特别是财务战略，同时也能通过执行力影响下属来更好地执行自己的战略。CFO的职位将公司战略与财务管理融为一体，成为沟通部门主管的战略经营与公司投资者财务要求的桥梁，全过程参与公司战略的制定和实施。一方面，通过参与公司战略的制定，可以减少其他高管的机会主义行为；另一方面，在财务管理中全面应用财务管理工具和实施公司战略可以更好地促进公司战略目标的实现，并尽可能地提高公司利润和股东利益。

CFO主导企业的财务运作体系，关注的焦点是企业资金运动，他们掌握企业的财务风险、成本和价值，通过提高投资效率，未来获得潜在现金流，降低财务风险，实现企业财务战略；CFO能够凭借其能力和地位提供筹资渠道，增强企业驾驭金融资本市场的能力，以较低的成本获取外部融资，缓解融资约束，提高外部融资效率，最终提高企业资本配置效率。CFO除负有从外部融资的责任外，还负有领导财务部门进行科学的资金调度与监控的重任。做好企业内部财务管理和资本运营工作，通过制定和实施一系列财务规章制度、内部控制制度来约束企业的日常财务行为。

CFO核心胜任能力是实现其职能履行目标的基础，CFO核心胜任能力强，表明其可以更好地发挥职能。本书研究的核心问题是CFO核心胜任能力对财务弹性决策的影响，即该问题是鱼骨图①要实现的最终目标，故本书以CFO核心胜任能力对财务弹性决策影响效应为鱼骨图的主骨，并将其进一步分解为几个节点，分析具体影响情况（如图3-3所示）。

① 鱼骨图也被称为石川图、因果图，是日本东京大学石川馨（Ishikawa Kaoru）教授提出的，可以更加直观地反映出事物的本质原因。每一个矩形框背后涵盖它的具体内容，虚线框内为CFO核心胜任能力带来的影响效应。

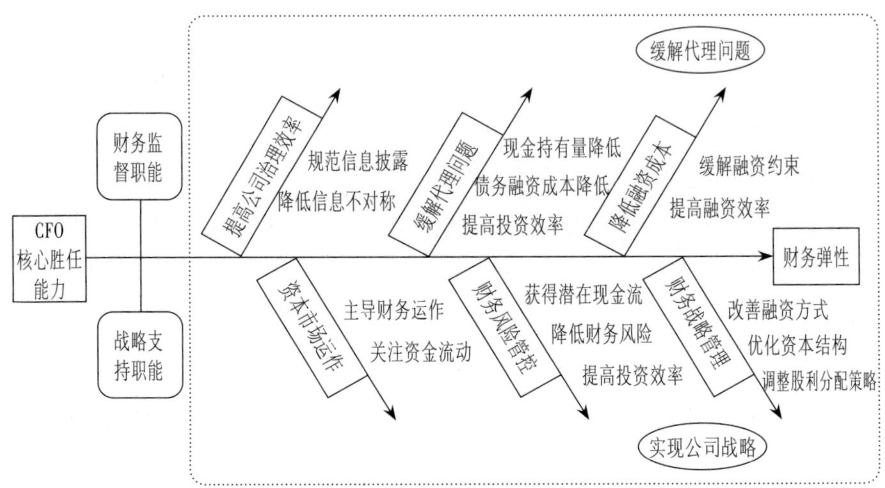

图3-3 CFO核心胜任能力对财务弹性决策影响的系统分析框架

3.3 理论基础

3.3.1 胜任能力理论

胜任力的英文为Competence或Competency，也可译为胜任能力、胜任特征、胜任素质等。1959年，美国心理学家罗伯特·怀特（Robert White）在期刊《心理学评鉴》上发表了《再谈激励：胜任力的概念》，对胜任能力的内涵进行了初步界定。1963年，罗伯特·怀特在《生活探索》上发表了一篇《人际关系胜任力》的文章，深入地对胜任能力与社会人际交往进行了理论阐述。

1982年，理查德·鲍伊兹（Rechard Boyatzis）在其专著《胜任的经理人》中，对胜任能力下了定义，认为胜任能力可以是动机、技能、特质、自我印象、社会角色或是所拥有的知识。霍比（Homby）和托马斯（Thomas）（1989）给胜任能力下了新的定义："管理者所具备的品质、知识和技能。"1993年美国心理学家莱尔·斯潘塞（Lyle M. Spencer）在其专著中将胜任能力分为20种，6大类，分别是掌控能力（包括积极进取性、关注质量意识、信息搜集整合能力、成功欲）；人际关系能力（包括人际通融能力、客户维护能力）；影响能力（包括权责意识、内部影响力和外部影响力）；管理能力（包括组织协调能力、团队协作能力、培养下属能力、团队领导能力）；自我认知能力（包括技术专长、判断推理能力、综合分析能力）；个人秉性（包括责任感、自我控制、灵活性、自信）。

开始使用的术语称为胜任力（Competence），后来胜任特征（Competency）逐渐被更多学者使用。如1994年戴维·麦克利兰德和莱尔·斯潘塞合作发表了《胜任能力评估方法》，指出胜任能力是动机、态度或价值观、个体特质、自我概念、自我认知或行为技能、专业知识等个体特征，这些特征能够区分绩效执行优异者和一般者。这反映了胜任力内涵的两种观点：特征观和行为观。前者认为所有个体特征，不论是内隐的还是外显的，都可以界定为胜任力，只要能根据绩效将优异者和一般者加以区分（Boyatzis，1982；Spencer，1993；Parry，1996）；而后者则认为胜任力是行为个体履行工作职责时的外在表现，是保证行为个体胜任工作的外显维度（McConnell，1998；Cockerill，1995）。也有学者认为这两个术语只是说法上的不同而已，两者并没有本质的区别（Zemke，1982）。

3.3.2 高阶梯队理论

高阶梯队理论（Upper Echelons Theory）创新性地把高层管理者的背景特征、企业战略选择和企业管理绩效三者整合到一个理论框架内，以企业高管的有限理性为前提，进一步提出并验证了企业高层管理者的人口统计学特征变量替代潜在心理特征所表现出的认知模式对企业战略选择和财务决策起到的作用，并通过对企业战略选择进而影响企业管理绩效（Hambrick和Mason，1984）。

高阶梯队理论认为，在瞬息万变的运行环境中，个人判断总会有一定的局限性，因此需要进行团体或组织决策，并且成员之间的不同特征（如认知基础、洞察力和价值观）会影响其他个体成员的判断，进而影响组织的战略选择。然而，认知基础、价值观、洞察力以及管理感知等这些特征都难以测度（Miller等，1982）。因此，高阶梯队理论选择以人口统计学特征作为切入点，通过一系列指标来刻画高管团队的认知模式、价值观和管理感知，这样做是由于人口统计学特征具有数据可得性（Kahalas和Groves，1979；Walsh，1988）。目前，无论是行为金融学的研究，还是战略管理研究，都在试图通过各种方式打开“人口统计学背景黑箱”，通过对心理特征（包括团体或组织动态、领导人格、行为动机等）的直接测度变量，来尝试取代人口统计学背景变量。

以往研究的焦点多集中在CEO上，却忽视了其余有较大影响的高管个体。企业是高管能力的反映体，CFO作为财务管理与财务治理的领导者、资本经营与资本运作的主导者，参与企业的财务决策活动，为企业的投资决策、融资方案、资本运作提供建议以及资金、财务方面的支持，对企业战略决策的制定与执行、企业业绩有着特殊的作用和意义。因此，CFO个体特征会影响其发挥战略支持职能，从而作用于企业的战略决策，并最终影响企业业绩。本书从CFO核心胜任能力的视角出发，来解释和预测其能力强度对战略支持职能发挥达到的程度，进而对企业战略的制定与实施、财务战略决策产生影响。

3.3.3 信息不对称理论

信息不对称是指交易主体所拥有的资料不同导致享有的信息量不同。新古典经济学的研究假设认为“经济人”具有完全的市场信息，不存在信息不充分的问题，所有决策都是在一定条件下做出的最优决策，市场是有效的，不存在投资风险，也不存在交易成本等问题。然而，信息经济学认为，面对资本市场，信息的使用者和发布者之间存在着信息不对称（Information Asymmetry），信息对于企业个体行为和市场均衡都会产生影响。信息不对称大抵可分为两种情形：一种是投资者之间的信息不对称；另一种是管理者与投资者之间的信息不对称。

事前（Ex Ante）信息不对称引发逆向选择（Adverse Selection），导致资本市场价格扭曲、市场交易效率低下，最终引致市场失灵；事后（Ex Post）信息不对称带来道德风险（Moral Hazard），最终导致在委托代理中委托人损失利益或代理人获得利益。要想降低逆向选择和道德风险，其方法除了由企业自行使用方法传递信息或是由监管者强制要求企业披露信息之外，另一个渠道就是通过分析师挖掘额外的信息、分析并解释现有的信息。

在不完美的资本市场中，企业与投资者之间的资源无法有效配置，主要原因是市场中存在着信息不对称，它造成资源配置发生扭曲，影响到交易主体的相关决策（Akerlof，1970）。当企业面临较好的投资机会，自有资金不能满足投资需求时，需要向外部进行融资，信息不对称程度越严重，企业从外部获得资金的成本相对就越高，即在融资成本上，从外部融资总是高于从内部融资。此时，为了满足投资需求，企业会更倾向于从内部筹集资金而不愿从外部融资。当企业的内部资金紧缺，不能全面满足投资需求，从外部融资又受到困扰时，企业此时便产生了融资约束问题。

根据融资优序理论，企业需要根据投资项目来决定融资规模，理想的目标负债是不存在的。为了减少信息不对称带来的代理成本，融资顺序应为内部融资、负债融资和股权融资。当企业持有现金比较充裕时，其外部融资需求就会减少，企业会更偏好内部融资。财务弹性正是契合这种思想，在不确定的外部环境中，财务弹性的存在使企业储备了较为充足的资金，获得有效的资金重构，有效缓解企业未来可能出现的资金约束，从而满足企业投资和成长的需要。此外，为了实现企业所有者和管理层之间的信息均衡，有必要在他们之间架起桥梁，建立一套完善的内部监督机制，CFO的委任则是建立公司治理机制的核心。CFO通过对公司战略控制的管理以及对管理层的经营活动进行财务监督，可以有效降低企业的代理冲突成本，确保会计信息的透明化，实现所有者和经营者双方信息掌握的均衡。

3.3.4 委托代理理论

传统的委托代理理论（Principle Agent Theory）旨在解决所有权和经营权相分离下股东与经营者之间的利益冲突（Jensen和Meckling，1976；Fama和Jensen，1983；Grossman和Hart，1992）。这里形成的股东与经营者、大股东与小股东等两类委托代理关系需要处理，其主要目标在于降低两类委托代理成本，在利益协同效应下，所有者需要建立一种机制和契约，降低股东与经营者之间产生的第一类委托代理成本，同时也降低大股东与小股东之间产生的第二类委托代理成本。

Jensen（1986）从自由现金流假说的角度出发，认为由于管理层与股东之间存在不同差异的目标效用函数，追求自身利益最大化，当企业拥有大量的自由现金流时，可能会成为管理层谋取私人利益的工具，掌握这部分剩余资源的管理层趋向于选择将剩余现金或用于在职消费，或通过堑壕性投资、缔造商业帝国等手段加以侵占，而不是将其转换为股利分配给企业的股东。另外，股东和管理层均容易带来自由现金流问题。一方面，管理层通过增加其可支配的自由现金流，不断扩大其投资和经营规模，可能导致过度投资的问题；另一方面，由于现金是流动性强、监督难的资产，股东会对自由现金流采取不同股利政策等限制和监管措施，但这些又会增加企业的代理成本。根据自由现金流假说，举债经营是企业缓解代理问题的重要举措，负债融资能够为企业带来一定的收益，但存在着到期还本付息的压力，在一定程度上对管理者起到激励和监督的作用，能有效降低管理者使用自由现金流进行过度投资的可能性，但负债融资也会增加企业的代理成本。

委托代理理论为本书论证财务弹性及其影响效应提供了重要理论基础。通过股东与管理者、管理者与债权人之间的代理问题分析得知，虽然企业财务弹性资源筹集越多，财务弹性水平会越高，但财务弹性储备水平达到一定程度的同时也带来了代理成本的增加。根据委托代理理论的观点，当企业持有过高的现金或处于较低的负债水平时，持有现金的机会成本以及监督负债的成本也会上升。因此，财务弹性可能存在目标阈值，应当权衡储备财务弹性的储备收益和储备成本，树立适度储备财务弹性的观念。

委托代理理论认为，公司治理主要讨论的是代理问题（Shleifer 和 Vishy，1997），公司治理的核心是权力制衡。在现代企业制度中，作为公司治理的核心要素，CFO 制度的建立就是一种降低代理成本的工具，是所有者在遵循成本效益原则下，寻求的一种恰当的控制机制和有效路径，其主要职责就是监督管理层（Hermalin 和 Weisbach，2003；Adams 等，2005）。从公司治理结构层次看，CFO 受聘于公司董事会，履行内部管理控制和外部资本控制双重受托责任，承担着战略与资源管理、理财和控制的职责（杜胜利，2010）。

3.4 本章小结

基于对CFO制度背景的历史分析，本章研究发现，CFO制度演变与经济发展互动共生，受托责任边界不断明确和清晰，我国的CFO制度演变适应并促进了经济体制转变，在逐步市场化、契约化、规范化的契约关系链条中，CFO核心胜任能力是承担受托责任的必备条件，也是核心前提。实践证明，CFO的影响效应范畴不断扩大，其职能由最初简单地规范会计信息的生成，提高会计信息的决策有用性，到战略决策、融资管理、资金管理、投资管理、内部控制等在内的一系列职能。

本章通过阐述CFO职能范畴与角色演变、CFO基本职能和内容，对财务弹性决策的理论分析，并以筹资决策理论、财务弹性决策的经济后果理论为基础，总结相关经验证据，从而基于财务监督职能和战略支持职能两方面构建CFO核心胜任能力对财务弹性决策影响的系统分析框架。

本章提出了胜任能力理论、高阶梯队理论、委托代理理论、信息不对称理论，它们奠定了本书分析的理论基础，本章在明确CFO核心胜任能力研究内容框架的基础上，构建了CFO核心胜任能力对财务弹性决策的影响效应理论分析基础。

4 CFO核心胜任能力与财务弹性的量化分析

4.1 CFO核心胜任能力计量方法与量化分析

4.1.1 CFO核心胜任能力计量方法

本书从CFO核心知识、核心技能和职业素养维度来刻画CFO核心胜任能力。

（1）CFO核心知识→CFO财务专业能力

IFAC（2003）从投入的角度，设定了会计师所需的知识框架，列示了CFO所需具备的知识和经验，认为CFO需要掌握核心知识来不断获取和保持专业胜任能力，主要包括组织知识和经营知识、IT知识、会计与理财及其相关知识。按与职能的相关度，将CFO所需具备的知识分为核心知识和相关知识。SNAI（2006）调查揭示，CFO核心知识是指与CFO从事专业工作关系十分紧密的知识和经验，这些知识是一名称职CFO所必备的。CFO核心知识主要包括战略管理、财务战略、公司治理、风险管理、财务报告、内部控制、价值管理等模块。

表4-1中，用教育背景、任职期限和专业职称等三个虚拟变量来衡量CFO的核心知识→CFO财务专业能力。

表4-1　CFO核心知识指标测度定义

度量角度	研究代表文献	变量度量方法描述
教育背景	Aier等（2005）、何凡等（2015）、俞雪莲和傅元略（2017）、李四海等（2017）、余玉苗和杜天然（2017）、徐细雄等（2018）	CFO是否具有硕士研究生及以上学历，是则取值为1，否则为0
任职期限		CFO任期是否高于样本中值，是则取值为1，否则为0
专业职称		CFO是否具有高级会计职称或CPA和CFA资格证书，是则取值为1，否则为0

（2）CFO核心技能→CFO财务执行能力

SNAI（2006）调查揭示，CFO除了具备核心专业知识以外，最重要的技能是财务执行能力、沟通及协调能力（占反馈者CFO的比例91.9%）、领导能力（占87.5%）、系统分析能力（占84.9%）、问题解决能力（占82.3%）、团队建设能力（占76.1%）、行业经验（占73.6%）等。以问卷调查为基础，将CFO所需具备的技能分为核心技能和相关技能。CFO核心技能是与CFO履行其职能密切相关的技能，CFO若不具备核心技能将影响CFO职能的发挥。根据激励理论，CFO进入董事会能够对其产生不同于CEO的声誉激励（向锐，2015）。Bedard等（2014）、向锐（2015）提出CFO财务执行能力指的是贯彻公司战略意图，进入董事会担任董事成员，实现预定财务战略目标的操作能力。徐细雄等（2018）认为CFO财务执行能力是指CFO协调整合资源的能力。Mobbs（2014）从CFO兼任内部董事出发，检验了CFO财务执行能力对企业现金持有的影响。Hu和Liu（2015）从CFO兼任外部董事的维度，检验了CFO兼任外部董事对促进企业获取外部融资的作用。

表4-2中，从CFO是否进入董事会兼任内部董事、CFO排序、是否兼任外部董事等虚拟变量衡量CFO的核心技能→CFO财务执行能力。

表4-2 **CFO核心技能变量度量方法描述表**

度量角度	研究代表文献	变量度量方法描述
兼任内部董事	Bedard 等（2014）、Mobbs（2014）、向锐（2015）、孙光国和郭睿（2015）	CFO是不是公司董事会成员，是则取值为1，否则为0
CFO排序	陈汉文和刘思义（2016）	CFO薪酬是否位于高管前三名，是则取值为1，否则为0
兼任外部董事	Hu 和 Liu（2015）、徐细雄等（2018）	CFO是否在其他公司担任外部董事，是则取值为1，否则为0

（3）CFO职业道德→CFO职业操守能力

CFO除了具备核心知识和核心技能外，还取决于是否具备一定的职业素养。职业操守是CFO的基石，良好的职业操守对于有效的公司治理至关重要。IFAC（2003）认为，CFO的行为要受到会计职业道德准则的调节和约束，从职业价值观角度看，最重要的在于遵从职业道德。2005年IFAC发布的《职业会计道德守则》指出，CFO是公司核心价值观的传承者，应该做到或具备公正性和客观性、正直诚信、道德冲突的解决、保守秘密、专业胜任能力、职业行为合规等基本原则。SNAI（2006）调查揭示，CFO应具备的职业道德为遵循法律法规及职业道德（占反馈者CFO的比例为98.0%）、维护公司正当利益（占94.0%）、不提供虚假财务信息（占86.0%）等。中国总会计师协会（2019）调查认为四大能力对CFO履职效果的影响分别为道德遵从能力（91.88%）、专业能力（91.88%）、组织能力（96.45%）、商业能力（96.96%）。

因此，CFO在执业操作过程中，要始终遵从职业道德，遵循制度和原则、对财务问题有专业独特的见解，不屈于压力、敢于发表不同的意见并坚持自己的主张，履行财务监督职责，不偏不倚，忠于财务事实，做公司财务安全的守护者，对企业、股东和投资者负责。CFO参与公司重大决策以及公司战略的制定与实施，为公司财务决策提供资金、财务信息支持，做出应有的职业判断和选择，受到法律责任（如会计信息失真、财务舞弊方面）和经营责任（如风险管控、平衡利益相关者关系）的“双重制衡”，这就要求CFO应更独立，并直接向董事会报告，CFO

有权参与股东的重大决策。上海国家会计学院（2011）指出，导致能力的偏差与CFO的传统职业生涯有关。CFO职业生涯关注[①]会对CFO形成一种隐性激励，促使CFO更好地履行自己的职责，提升自己在职业经理人阶层的地位和社会声誉，以便为未来的高薪和职业生涯奠定基础（Jian和Lee，2011）。基于声誉激励需要，CFO若与CEO合谋，或在CEO的压力下操纵财务报表，只能自己承担责任（Bishop等，2017），因此，CFO会抵御职业操守存在的潜在威胁（王福胜和程富，2014）。

表4-3中，考虑到数据的可得性，从CFO职业生涯关注、CFO所任年度公司是否违规这两个虚拟变量来衡量CFO的职业道德→CFO职业操守能力。

表4-3　　**CFO职业道德变量度量方法描述表**

度量角度	研究代表文献	变量度量方法描述
职业生涯关注	谢珺和翟佳丽（2017）	CFO年龄哑变量，当CFO年龄不小于47岁时取值为1（代表年老的CFO），否则为0（代表年轻的CFO）
是否违规	张瑞君和李小荣（2012）、张玉明和陈前前（2015）	CFO所任年度公司是否发生违规行为（Violation），若未违规取值为1，否则为0

（4）CFO核心胜任能力综合指标

CFO的财务专业能力、财务执行能力和职业操守能力三个维度都从不同侧面反映了CFO核心胜任能力，但是指标不够全面综合，且每个指标都有一定的局限性，因此，本书在三个维度和八个测度指标的基础上合成CFO核心胜任能力的综合指标，采用两种方法：第一，对八个测度指标进行主成分分析，采用第一主成分作为CFO核心胜任能力的综合指标（Competence_pc）；第二，通过对八个虚拟变量直接相加求平均值（Competence_ew）。Competence_pc指标通过统计方法考虑了指标的权重，而Competence_ew指标没有考虑指标的权重，所有指标按照等权处理。

① 职业生涯关注也可称作职业发展关注。在上海国家会计学院主编的《商业伦理与CFO职业》一书中，提到CFO职业的价值观主要包括诚实守信、客观公正、专业胜任能力、职业发展关注、维护雇主等利益相关者利益、维护职业声誉等方面。

Competence_pc：CFO核心胜任能力的合成指标1，为CFO财务专业能力、财务执行能力和职业操守能力三个维度的八个虚拟变量的主成分合成指标；Competence_ew：CFO核心胜任能力的合成指标2，为CFO财务专业能力、财务执行能力和职业操守能力三个维度的八个虚拟变量的等权平均值。

4.1.2 CFO核心胜任能力量化分析

随着CFO制度的不断完善，CFO的职能定位和内涵边界不断丰富，这对CFO的能力提出了更高的要求。Florackis 和 Sainani（2017）从学历、职称、教育背景、董事背景等维度构建了CFO综合能力指数。本书借鉴这一测度方法、思路和现有研究，认为CFO核心胜任能力是CFO对公司财务决策的综合影响力，并从CFO的核心知识、核心技能和职业素养等维度出发，形成CFO财务专业能力、财务执行能力和职业操守能力三个维度指标，构建CFO核心胜任能力综合测度指标，为系统考察CFO核心胜任能力对公司财务决策的影响力奠定基础。

4.2 财务弹性计量方法与量化分析

4.2.1 财务弹性计量方法

（1）结合具体财务指标度量财务弹性（Financial Flexibility）

现有学者对财务弹性的度量主要有单一指标衡量法、多指标结合法和多指标综合法（综合度量法）等。其中，单一指标衡量法只关注财务弹性的某一方面，从现金弹性、负债融资弹性和权益弹性三者中选择一种方式来衡量财务弹性（Marchica 和 Mura，2010）。Ozkan 等（2004）选取资产负债率指标测度企业的财务弹性水平，并将企业实际资产负债率水平与目标值比较，定义高财务弹性和低财务弹性。这种方法简单易操作，但任何一个单独的方面都不能全面和准确代表财务弹性储备水平；多指标结合法是指通过现金持有量、负债比率以及股利支付政策这三项指标相结合的方式来判定企业的财务弹性储备水平。财务弹性为现金弹性、负债融资弹性和权益弹性两者或三者之和（DeAngelo和DeAngelo，2007），这样才能全面测度企业财务弹性储备水平；多指标综合法（综合度量法）是指通过对能够影响财务弹性的因素进行全面的分析后，选择多种能够影响财务弹性的指标，通过计量模型将这些影响因素分别赋予不同权重，最终得到一个综合性指数来作为财务弹性的代理指标。

Opler等（1999）提出采用超额现金持有来测度现金弹性的方法较多。DeAngelo和DeAngelo（2007）同时结合现金持有量、资产负债率和股利支付率三项指标判断企业财务弹性的大小。曾爱民等（2011）采用两项单指标，将现金弹性用“企业现金持有率超过行业平均现金持有率”的部分来衡量，即现金弹性=企业现金持有率-行业平均现金持有率，其中，行业平均现金持有率被视为企业正常经营所需的现金持有率。负债融资弹性通过比较行业平均负债比率和公司负债比率来进行计算，负债融资弹性=Max（行业平均负债比率-公司实际负债比率，0），其中，行业平均负债比率视为企业正常经营时可以承受的负债水平。De等（2012）利用企业不会陷入财务困境的最大负债比率与实际负债比率的差额度量财务弹性。张长城（2015）将财务弹性与企业竞争力进行整合，创新性地提出通过探讨有息负债占总负债的比例来考察负债弹性。此外，Stacey等（2016）用流动性指标作为企业现金弹性的代理变量。

（2）构建综合指数度量财务弹性

马春爱（2011）认为相比单一指标，财务弹性综合指数（FFI）能全面反映财务弹性的各类影响因素，将现金指标、杠杆指标和外部融资成本指标确定为财务弹性测度的3个一级指标，下设8个二级指标，采用层次分析法、变异系数法分别赋予权重构成多维财务柔性指标体系。韩鹏（2010）认为财务弹性是一个受到多方面因素影响的综合性指标，以留存收益资产比、短期借款资产比、长期借款资产比、现金股利保障倍数、现金流量比率、再投资现金比率、股权融资资产比、资本配置比率等8个指标，利用主成分分析法建立财务弹性综合指数。Arsla等（2008）根据Kaplan和Zingales（1997）、Almeida等（2004）的研究结论构建KZ指数，根据KZ指数的大小将企业分为高弹性组和低弹性组，具体模型如（4-1）所示：

$$KZ = -1.002 \times Cashflow + 0.283 \times Q + 3.139 \times Leverage - 39.368 \times Dividends - 1.315 \times Cashholdings \tag{4-1}$$

多指标综合法虽然将影响财务弹性的因素尽可能纳入其中，但指标的选取缺乏一定的权威性，标准不尽统一，而且各项指标确定的权重难以达成共识。

（3）运用目标模型方法度量财务弹性

Dittmar 和 Mahrt-Smith（2007）、董理和茅宁（2016）提出用模型来估计目标现金持有水平，再将实际现金持有水平与目标水平进行比较，通过得出的正偏离来间接捕捉企业对现金弹性的需求，即现金弹性是一个不可观测的因素，它指的是实际现金持有量相对估计模型的残差，并会在观测和估计杠杆之间产生系统性偏差，用观测的实际现金持有水平与这个估计出的现金持有水平之差来衡量现金弹性。具体模型如（4-2）所示：

$$Cash_t = \beta_0 + \beta_1 Size_t + \beta_2 Nwc_t + \beta_3 Lev_t + \beta_4 CF_t + \beta_5 Capex_t + \beta_6 TobinQ_t + \beta_7 Div_t + Industry + Year + \varepsilon \tag{4-2}$$

其中，$Cash_t$为本期现金持有水平；$Size_t$为本期企业资产规模；Nwc_t为本期净营运资本水平；Lev_t为本期杠杆水平；CF_t为本期经营活动产生的现金流回报率；$Capex_t$为本期的资本性支出水平；$TobinQ_t$为企业本期的市场价值与账面价值之比；Div_t为企业本期的股利和股息分配额。

在 Dittmar 和 Mahrt-Smith（2007）对现金弹性衡量模型的基础上，Frank 和 Goyal（2009）、Marchica 和 Mura（2010）、潘迪和马元驹（2018）构建了测度剩余举债能力模型，也就是通过回归的残差项来度量负债弹性。具体模型如（4-3）所示：

$$Lev_t = \beta_0 + \beta_1 Lev_{t-1} + \beta_2 Indlev_t + \beta_3 TobinQ_{t-1} + \beta_4 Asset_t + \beta_5 Tang_t + \beta_6 \Delta Profit_t + \beta_7 \Delta CPI_t + Industry + Year + \varepsilon \tag{4-3}$$

其中，Lev_t为本期杠杆比率；Lev_{t-1}为上期杠杆比率；$Indlev_t$为企业所在行业杠杆率；$TobinQ_{t-1}$为企业本期的市场价值与账面价值之比；$Asset_t$为企业本期规模；$Tang_t$为本期的有形资产比率；$\Delta Profit_t$为营业利润增长率；ΔCPI_t为本期物价指数变动比率。

4.2.2 财务弹性量化分析

由前文分析可知，财务弹性的度量方法处于一个不断探索和完善的过程中，无论哪一种财务弹性度量方法都存在着优势和不足。单一指标法简单易操作，但不能全面和准确代表财务弹性储备水平，多指标综合法虽然将影响财务弹性的因素尽可能纳入其中，但指标的选取缺乏一定的权威性，标准不尽统一，而且各项指标确定的权重难以达成共识。财务弹性的度量基本集中在现金弹性和负债融资弹性两方面，反映企业现金调用能力和负债融资能力，反映了企业的财务能力，这也是主流文献中普遍使用的对财务弹性的度量方法。Arsla等（2008）采用KZ指数作为财务弹性的度量指标，不够贴切，因为KZ指数原本测度的是融资约束而非财务弹性。

根据DD的财务弹性理论（DeAngelo和DeAngelo，2007），财务弹性的三种获取方式分别为：持有较高的现金（现金持有政策）、保持较低的负债水平（融资政策）和支付较高的现金股利（股利政策），因而企业财务弹性可分为现金弹性（Cash Flexibility）、负债融资弹性（Debt Financing Flexibility）以及权益融资弹性（Equity Financing Flexibility），企业财务弹性为现金弹性、负债融资弹性以及权益融资弹性之和。其中，现金弹性是指企业调用其超额现金存量应对不确定性的能力；负债融资弹性是指企业通过剩余举债能力筹集所需资金的能力；权益融资弹性是指企业通过发行权益性证券筹集资金的能力。参考DeAngelo（2011）和曾爱民等（2011）的做法，结合我国特殊制度背景，采用多指标结合法度量财务弹性，用企业的现金弹性和负债融资弹性来综合反映企业的财务弹性（具体见表4-4）。由于在我国特殊的背景下，证监会为了保证资本市场上的股权资金得到更加合理和有效的配置，对股权再融资资格实行了严格管制，上市公司进行股权再融资时，必须达到证监会所规定的各项管制标准且耗时较长，因此，企业很难通过权益支付的方式来储备权益弹性，可以忽略不计。

表4-4中，将企业的负债融资弹性定义为企业的剩余举债能力，若企业实际负债比率高于行业平均负债比率，则表明企业不具有任何剩余

表4-4 财务弹性变量与计算方法

变量	变量计算方法
财务弹性（FF）	财务弹性=现金弹性+负债融资弹性
现金弹性（CashF）	企业实际现金持有比率-行业现金持有比率
负债融资弹性（DebtF）	Max（行业平均负债比率-企业实际负债比率，0）

举债能力，此时企业的负债融资弹性为0，因此取0和两者之差的最大值。本书分别采用等权平均、总市值加权、流通市值加权等三种行业平均计算方法计量财务弹性。等权平均是指每个成分所占的权重是相等的（不管市值大小，在指数中的权重都一样），与总市值加权（市值越大，所占权重越大）是相对的，流通市值加权就是以流通股数乘以当前股价加权平均。

同时，在稳健性检验中，借鉴潘迪和马元驹（2018）模型的回归残差来衡量财务弹性。参考陈红兵和连玉君（2013）、崔也光和由晓玮（2019）对财务弹性的度量方法，采用年度中位数法以及行业中位数法度量的财务弹性虚拟变量，定义财务弹性为0-1虚拟变量。由于财务弹性存在一定的滞后性，因此，借鉴王爱群和唐文萍（2017）的方法，采用滞后一期的数据度量财务弹性。

4.3 样本选择与数据来源

本书的数据主要来自CSMAR数据库、WIND数据库以及相关的财经网站。表示CFO核心胜任能力的相关变量来源于CSMAR数据库和相关的财经网站，并经过手工搜集整理和赋值形成独特数据集；控制变量的相关数据来源于CSMAR数据库。

选取沪深两市A股上市公司2009—2018年数据为研究对象，为了确保实证分析的有效性和可行性，对样本作如下筛选：（1）剔除金融保险类上市公司。此类公司与其他行业差异较大，其指标不具有可比性，因此予以剔除。（2）剔除被证监会特别处理的ST、*ST、PT的上市公司，此类公司的财务状况已经连续两年亏损或发生异常，故剔除此类上市公司。(3）剔除关键指标值缺失的上市公司。另外，为了消除极端值的影响，对关键指标进行了前后1%的Winsorize缩尾处理，最终得到8 052个样本观测值。所有数据运用Stata15软件进行分析和处理。

依据我国证监会2012年修订的《上市公司行业分类指引》作为行业的划分标准，样本选择分布见表4-5，其中，样本按年度分布情况见Panel A列示，样本企业按行业分布及财务弹性情况见Panel B列示。

表4-5　　样本按年度与行业分布及财务弹性情况

Panel A：样本按年度分布情况

年度	研究样本	
	样本数（个）	百分比（%）
2009	731	9.08
2010	533	6.62
2011	487	6.05
2012	984	12.22
2013	1105	13.72
2014	1099	13.65
2015	1022	12.69
2016	829	10.30
2017	795	9.87
2018	467	5.80
合计	8 052	100

Panel B：样本企业按行业分布及财务弹性情况

行业代码及名称	研究样本及财务弹性		
	样本数（个）	百分比（%）	财务弹性
A农、林、牧、渔业	124	1.54	0.0694
B采矿业	236	2.93	0.0819
C制造业	4 055	50.36	0.0638

续表

行业代码及名称	研究样本及财务弹性		
	样本数（个）	百分比（%）	财务弹性
D电力、热力、燃气及水生产和供应业	226	2.80	0.0506
E建筑业	220	2.73	0.0397
F批发和零售业	454	5.64	0.0801
G交通运输、仓储和邮政业	239	2.97	0.0769
H住宿和餐饮业	28	0.35	0.1090
I信息传输、软件和信息技术服务业	420	5.22	0.0441
K房地产业	289	3.59	0.0722
L租赁和商务服务业	56	0.70	0.0513
M科学研究和技术服务业	42	0.52	0.0209
N水利、环境和公共设施管理业	85	1.06	0.0851
P教育	6	0.07	0.1370
Q卫生和社会工作	14	0.17	0.0324
R文化、体育和娱乐业	64	0.79	0.0698
S综合	50	0.62	0.0833
合计	8 052	100	0.0648

从表中Panel B观测值的行业分类可以看出，占比排前三位的行业大类分别为制造业、批发和零售业以及信息传输、软件和信息技术服务业，其中，制造业占比高达50.36%；除了制造业外，批发和零售业的观测值比重相比其他行业处于前列，占比达5.64%。此外，信息传输、软件和信息技术服务业拥有财务弹性的公司比重达5.22%，这三个行业的样本数量占总样本量的61.22%。样本企业平均财务弹性水平为0.0648，表明我国上市企业总体上保持一定量的财务弹性，其中，财务弹性水平最高的教育为0.1370，财务弹性水平最低的科学研究和技术服务业为0.0209，表明各上市企业行业间的财务弹性储备水平差异较大。

4.4 本章小结

本章主要针对CFO核心胜任能力、财务弹性的量化展开研究，对其量化方法进行了简要梳理和分析，构建本书的有关度量指标体系。另外，还进行了本书研究样本数据来源分析。

第一，根据大多数研究的界定，多从单一维度测度并探究CFO对公司财务决策的影响力，借鉴Florackis和Sainani（2017）构建的CFO综合能力指数，认为CFO核心胜任能力是CFO对公司财务决策的综合影响力，并从CFO的核心知识、核心技能和职业素养等维度出发，形成CFO财务专业能力、财务执行能力和职业操守能力三个维度指标，构建CFO核心胜任能力测度综合指标（CFO核心胜任能力指数），为系统考察CFO核心胜任能力对公司财务决策的影响力奠定基础。

第二，构建了我国制度背景下的企业弹性测度方法。参考DeAngelo（2011）和曾爱民等（2011）的做法，结合我国特殊制度背景，本书财务弹性的度量采用多指标结合法，用企业的现金弹性和负债融资弹性来综合反映企业的财务弹性，后文将分别采用等权平均、总市值加权、流通市值加权等三种计算方法计量财务弹性。

本章的研究价值在于：第一，通过梳理CFO核心胜任能力与财务弹性的测度方法，为系统考察CFO核心胜任能力对企业财务弹性决策的影响力奠定基础；第二，通过研究样本数据筛选最终得到研究所需的样本观测值，并对样本按年度分布情况、按行业分布及财务弹性情况进行了分析，以保障后续进行深入的研究。

5　CFO核心胜任能力对财务弹性的影响研究

随着经济全球化进程的加快以及科学技术的突飞猛进，不确定性已成为当今企业经营环境的最基本特征之一。权变财务理论和战略管理理论均指出，个体组织（企业）应该根据环境的变化动态调整自身的战略规划，企业的财务主体要让财务运作系统与所处的财务环境保持动态协调，而不能成为环境的被动接受者（邓康林和刘名旭，2013）。换句话说，企业需要保持一定的弹性（Flexibility），对内外部变化快速响应，保持并提升企业竞争优势，提高企业的价值。面对瞬息万变的经营环境，储备适量的财务弹性有利于形成有效的资金链和保护机制（王爱群和唐文萍，2017）。特别是当企业陷入财务困境或者面临投资机会时，如何及时低成本地筹集到资金，来缓解财务困境或者满足投资扩张需求？这是个极为现实的问题。

实际中，不同类型的企业主体在不同经济周期和企业生命周期，资金筹集和资金调用能力不同，其财务弹性储备水平也不尽相同。随着现代企业制度的发展和成熟，CFO的角色和职能也被社会赋予更高的期望，财务监督和战略支持的职能日益凸显。作为公司财务政策的实际决策者和执行者，CFO在诸如资本筹集、流动性管理和风险控制等方面起着关键作用，现代企业对CFO所发挥的重要战略作用及其对内部财务资源的管理特别关注。一般来说，对CFO绩效评价是基于公司的财务政策，使得CFO对于公司融资决策和投资决策格外关注（姜付秀，2009；Trzeciakiewicz，2012），会在自己的职权范围内行使表决权和执行权，有利于形成稳健的经营风格，提升各项风险管理水平。本章研究了CFO核心胜任能力对企业财务弹性的影响效应。

5.1 理论分析与研究假设

5.1.1 CFO核心胜任能力与企业财务弹性

财务弹性是财务风险管理的集中表现，反映了面对复杂多变的经营环境，企业财务主体如何快速反应，规避财务风险，及时调整财务政策与财务行为，抓住有利投资机会，使财务运行与财务环境保持动态协调一致。从能力的角度来看，财务弹性反映了财务主体应对未来环境不确定性的快速反应能力或适应内外环境变化的融资能力，一种低成本获得资金重构的能力，以应对环境不确定性和把握有利投资机会、实现企业价值最大化的能力。Killi等（2011）发现在不同的经济环境下，企业财务弹性发挥的价值效应存在显著差异，企业受到的财务冲击越强烈，财务弹性的价值也越大。曾爱民等（2011）研究发现，在金融危机中具有财务弹性的企业有更强的资金筹集和调用能力，能更好地为其投资活动提供所需资金。Arslan等（2014）研究发现，未来投资机会与公司的剩余举债能力正相关，当公司预期未来成长机会较好时，可以通过剩余举债能力来储备财务弹性。刘名旭和向显湖（2014）发现成长性高的公司，由于前期投资比例相对较高，可用于抵押融资的资产较少，通常会选择较高的储备财务弹性水平来把握良好的投资机会。葛家澍和占美松（2008）指出，面临融资约束的企业可以通过合理选择财务政策而优化自身的财务弹性，改变资金流入的时间和数量，从而应对企业各种资金需求，把握有利的投资机会。

在经济全球化和信息时代的改革浪潮中，CFO传统财务角色已经发生变化，在公司治理中不断扮演着战略计划管理、公司控制管理、资源价值管理等重要管理角色（杜胜利，2004），主要履行财务监督控制和战略支持两大职能（Walther等，1997；Graham等，2005；Geiger等，2006；杜胜利，2010；吴江龙，2011），是以财务运筹为核心的战略管理者（杨晓华，2007），帮助企业在资金市场和公司控制权市场上确立优势，实现企业的发展战略目标（高宏亮和张瑞君，2005），是公司战略的制定与实施者、企业资源的管理者以及价值创造者。

高阶梯队理论认为，企业高管的背景特征对企业治理模式、企业业绩等产生重要影响，教育、年龄、任期等异质性特征反映其价值观念、认知结构和风险偏好，影响其决策方式，进而影响公司经营战略和财务战略选择（Hambrick和Manson，1984）。财务弹性作为公司重要的财务管理内容，在一定程度上会受到决策者个人特征的影响。由于CFO负责企业资本运营和资金管理，CFO核心胜任能力是其职能发挥的前提、力量之源和重要保障（吴江龙，2011），可能决定着公司财务弹性的状况。Ge等（2011）认为在公司的财务决策过程中，CFO要比其他高管产生更直接的影响。在现代公司中，CEO和CFO是决定公司运营与公司绩效的两个核心人物。CEO和CFO对公司现金持有决策负有共同责任。持有充足的现金虽然有助于应对不利冲击、等待有利投资机会，但同时也损失了将其投资出去可能产生的收益，且易被代理人滥用于投资净现值为负的项目甚至刻意侵吞（张会丽和陆正飞，2012）。Graham和Harvey（2001）强调获取和保持公司财务弹性是CFO的主要工作目标，以便尽可能地减少外部环境变化对企业投资支出的影响。

在财务监督职能方面，CFO致力于内部控制、风险管理和组织监督，防范公司的财务风险，充分发挥“关卡”的作用，重点是对公司的董事和高管的经营行为进行约束。根据信息不对称理论和委托代理理论，CFO作为股东的代理人，置身于委托代理问题之中，在规范信息披露、降低信息不对称方面发挥更重要的主导作用，有利于缓解资金提供者与企业之间的资源无法有效配置和使用，进而降低企业未来融资成本，改善公司治理效率。Floracki s和Sainani（2018）研究发现，CFO对现金持有政策的影响超过了CEO对现金持有的影响，拥有强影响力CFO的公司持有较少的现金，这是由于CFO相对较弱的预防动机以及在财务压力期间较强的外部融资能力。余玉苗和杜天然（2017）研究认为，CFO专业能力越强，越有助于提高企业的现金持有效率。何瑛和张大伟（2015）研究认为，企业采取负债融资模式有利于改善公司的治理水平。DeAngelo等（2018）研究表明，负债是企业成本最低的资本来源，负债在税收方面有优势，而且相对于股权而言，负债的逆向选择成本较低。此外，持有现金的成本也很高，因为它会产生降低公司价值的代理成本。CFO核心胜任能力的提升有助于其更好地履行财务监督职能，改善公司治理效率，缓解代理冲突，减少管理层现金持有自利动机，进而降低企业现金持有储备水平，提高负债融资水平。

在战略支持职能方面，根据高阶梯队理论，CFO的某些个人特征能够影响其制定企业的战略倾向和财务决策，CFO岗位的设立是防范和控制财务风险，确保运营、投资与现金流平衡决策，进而找准收益与风险的最佳结合点。CFO作为参与企业战略决策的制定者，主导企业的财务运作体系，关注的焦点是企业资金流动，他们掌握企业的财务风险、成本和价值，作为企业财务管理的核心引擎，CFO积极参与公司战略规划与执行以及业务决策，通过提高投资效率，获得潜在现金流，降低财务风险，实现企业财务战略；CFO能够凭借其核心胜任能力和地位提供更多筹资渠道，充分利用其社会财务资源，增强企业驾驭金融资本市场的能力，以较低的成本获取外部融资，缓解融资约束，提高融资效率，最终提高企业资本配置效率。CFO的主要职责是编制财务报告、向董事会以及资金提供者提供财务信息，这意味着CFO比管理层以及董事会成员更具有信息优势（孙光国和郭睿，2015）。Bharath（2008）认为会计信息是银行评估企业信贷风险的主要来源，银行信贷成本与会计信息质量显著负相关。因此，CFO核心胜任能力越强，其所在企业会计信息质量越好，信贷风险越低，外部融资能力和内部资本配置效率会越高，从而降低预防性持现动机。同时，能力强的CFO拥有较好的社会声誉与广泛的社会资本，利用自己的“圈子”能够为企业搭起资源获取的通道，提供更为广泛的筹资渠道，从而有效缓解融资约束，降低企业资金占用，间接达到“开源节流”的效果。

因此，CFO核心胜任能力较强的企业，公司治理效率和财务运筹效率较高，具备更强的外部融资能力，具有更大的信贷资源可得性，可以缓解资金提供者与企业之间的资源无法有效配置和使用的矛盾，从而帮助企业以较低成本获得融资。全面权衡未来筹资风险以及资金储备成本，倾向于选择储备较低的财务弹性水平，会通过降低超额现金持有水平和提高剩余负债能力来释放财务弹性，将资金投入到更有价值的其他领域，缓解代理冲突。而CFO核心胜任能力较弱的企业，财务运筹能力以及外部融资能力相对较差，对未来的资金筹集风险评估较高，则会选择储备较高的财务弹性水平。基于以上分析，本书提出以下待检验的研究假设：

假设5-1：在条件一定的情况下，CFO核心胜任能力与企业的财务弹性水平负相关，即CFO核心胜任能力较强的企业倾向于储备较低的财务弹性水平、释放企业财务弹性。

5.1.2 产权性质对CFO核心胜任能力与企业财务弹性的影响

根植于我国特殊的产权制度背景，国有企业往往拥有天然的“关系”资源，在获得稀缺资源以及行政袒护等方面有明显的优势（杜勇等，2019），在市场准入、社会公信力、市场竞争环境方面有显著差异；在信贷政策、税收优惠以及资源配给等方面能够得到更多的政府支持（李新春，2001；张敦力和李四海，2012；姜付秀等，2013；陈仕华和卢昌崇，2014）。这一典型的特殊制度背景对我国企业的经营决策以及财务行为产生重要影响，促使我们需要围绕最终控制人性质进行分组检验分析。

企业财务弹性的核心价值在于它是一种低成本的筹资能力（王爱群和唐文萍，2017）。由于地方政府的“偏袒”，国有企业的融资渠道和融资压力不同，外部债务融资有国家财政支撑，政府对国有企业实施银行信贷、股市融资、财政补贴等一系列政策支持（林毅夫和李志赟，2004），对于业绩下滑或者亏损的国有企业，政府仍可以发挥“兜底”

作用，企业更可能从政府那里得到政策性税收补助（Lin 和 Tan，1999），国有企业还能从银行那里得到更多的信贷支持（Li等，2009）。当国有企业经营状况不佳，濒临陷入财务困境和债务危机时，为了稳定经济大局，维持社会稳定和就业目标实现，政府又会提供融资担保、资金扶持或税收优惠（孙铮等，2015）。潘海英等（2019）研究发现，相比大型企业和国有企业，非国有企业和中小企业储备的财务弹性在缓冲金融危机的负面效应以及提升企业价值上具有更为显著的作用。我国赋予国有企业的CFO（总会计师）特殊的地位和功能，使其能力更易施展，在进行财务弹性决策时受CFO核心胜任能力的影响较大。相对而言，非国有企业融资渠道非常有限，银行贷款是其主要外部资金来源，而且银行对其信贷政策相对苛刻，加上社会公信力相对不足，非国有企业往往面临着更为严格的融资约束。此外，相对国有企业而言，非国有企业CFO更多受到来自CEO等管理层的压力，在企业中管理权力和地位有限，其核心胜任能力发挥的作用相对较弱。基于以上分析，本书进一步提出：

假设5-2：相对于非国有企业而言，国有企业的CFO核心胜任能力强度对企业财务弹性的负向影响更加显著。

5.2 研究设计

5.2.1 样本选择与数据来源

本书的数据主要来自CSMAR数据库、WIND数据库以及相关的财经网站。表示CFO核心胜任能力的相关变量来源于CSMAR数据库和相关的财经网站，并经过手工搜集整理和赋值形成独特数据集；控制变量的相关数据来源于CSMAR数据库。

本书选取沪深两市A股上市公司2009—2018年数据为研究对象，为了确保实证分析的有效性和可行性，对样本作如下筛选：（1）剔除金融保险类上市公司。此类公司与其他行业差异较大，其指标不具有可比性。（2）剔除被证监会特别处理的ST、*ST、PT的上市公司，此类公司的财务状况已经连续两年亏损或发生异常。(3) 剔除关键指标值缺失的上市公司。另外，为了消除极端值的影响，对关键指标进行了前后1%的Winsorize缩尾处理，最终得到8 052个样本观测值。所有数据运用Stata15软件进行分析和处理。

5.2.2 主要变量的度量

(1) 财务弹性 (Financial Flexibility) 的度量

参考DeAngelo (2011)、曾爱民等 (2011) 的做法，结合我国特殊制度背景，财务弹性的度量采用多指标结合法，用企业的现金弹性和负债融资弹性来综合反映企业的财务弹性。由于在我国特殊的背景下，企业很难通过权益支付的方式来储备权益弹性，可以忽略。本书分别以等权平均、总市值加权、流通市值加权等三种行业平均计算方法计量财务弹性。等权平均是指每个成分所占的权重是相等的 (不管市值大小，在指数中的权重都一样)，与总市值加权 (市值越大，所占权重越大) 是相对的，流通市值加权就是以流通股数乘以当前股价加权平均。

(2) CFO核心胜任能力 (Competence) 指标的构建

本书在CFO财务专业能力、财务执行能力和职业操守能力三个维度和八个测度指标的基础上合成CFO核心胜任能力的综合指标，指标的合成采用两种方法：第一，对八个指标进行主成分分析，采用第一主成分作为CFO核心胜任能力的综合指标 (Competence_pc)；第二，通过对以上八个虚拟变量直接相加求平均值 (Competence_ew)。Competence_pc指标通过统计方法考虑了指标的权重，而Competence_ew指标没有考虑指标的权重，所有指标按照等权处理。

Competence_pc：CFO核心胜任能力的合成指标1，为CFO财务专业能力、财务执行能力和职业操守能力三个维度的八个虚拟变量的主成分合成指标；Competence_ew：CFO核心胜任能力的合成指标2，为CFO财务专业能力、财务执行能力和职业操守能力三个维度的八个虚拟变量的等权平均值。

5.2.3 模型设计

参照已有研究文献，建立如下实证模型检验本书的核心研究假设5-1：

$$FF_{i,t} = \beta_0 + \beta_1 Competence_{i,t} + \beta_i Control_{i,t} + \sum Industry + \sum Year + \varepsilon_{i,t} \quad (5-1)$$

其中，$FF_{i,t}$为被解释变量财务弹性，$Competence_{i,t}$为解释变量CFO核心胜任能力综合指标，$\varepsilon_{i,t}$为随机干扰项①。同时，为了检验CEO权威对CFO核心胜任能力与企业财务弹性的影响，加入CEO权威综合指标，借鉴Adams等（2005）、Finkelstein和Hambrick（1996）、杨继东和刘诚（2013）的做法，用声望权威、地位稳固权威、所有者权威以及位置权威的等权平均值加以度量。其中，使用董事长是否为公司创始人成员来衡量声望权威，使用董事长和CEO是否两职合一来衡量位置权威，使用CEO是否持股来衡量所有者权威，使用CEO在第t年是否发生变更来衡量地位稳固权威。

借鉴Dittmar等（2003）、Gamba和Triantis（2008）、祝继高和陆正飞（2009）、Killi等（2011）、Rapp等（2014）、刘名旭和向显湖（2014）、张改清和祁怀锦（2017）等学者的研究，本书列示了以下主要变量：公司规模（Size）、产权性质（Soe）、公司成长性（Growth）、总资产收益率（ROA）、自由现金流（CF）、资产负债率（Lev）、环境不确定性（HEU）、资产有形性（Tang）、商业信用融资（TC）等公司特征变量，以及第一大股东持股比例（Share）、股权制衡度（Inp）、董事会独立性（Indep）等公司治理变量。最后，在模型中加入年度虚拟变量（Year）和行业虚拟变量（Industry）来控制时间因素和行业差异的影响。模型相关变量的含义和具体计算方法详见表5-1。

为了检验本书的研究假设5-2，进一步建立如下实证模型：

$$FF_{i,t} = \beta_0 + \beta_1 Competence_{i,t} + \beta_2 Soe_{i,t} + \beta_3 Competence_{i,t} \times Soe_{i,t} + \beta_i Control_{i,t} + \sum Industry + \sum Year + \varepsilon_{i,t} \quad (5-2)$$

① 它代表其他随机因素对因变量的影响。为了避免重复，后文再次出现时便不再解释说明。

表5-1 **变量含义与计算方法**

变量名称	变量含义	计算方法
FF	财务弹性	（企业实际现金持有比率-行业现金持有比率）+Max（行业平均负债比率-企业实际负债比率，0）
Competence_pc	CFO核心胜任能力合成指标1	CFO核心胜任能力三个维度八个虚拟变量的主成分合成指标
Competence_ew	CFO核心胜任能力合成指标2	CFO核心胜任能力三个维度八个虚拟变量的等权平均值
Authority	CEO权威	用声望权威、位置权威、所有者权威以及地位稳固权威的等权平均值
Soe	产权性质	若上市公司为国有企业，取值为1，否则为0
Size	公司规模	期末资产总额的自然对数
ROA	总资产收益率	净利润/总资产
Growth	公司成长性	当期主营业务收入增长率
HEU	环境不确定性	近三年净利润率的标准离差率
Capex	资本支出	购建固定资产、无形资产和其他长期资产所支付的现金/总资产
Tang	资产有形性	（固定资产+存货）/总资产
CF	自由现金流	经营活动产生的现金流量净额/总资产
TC	商业信用融资	（应付总额-应收总额）/总资产
Share	第一大股东持股比例	第一大股东持股股数/总股数
Inp	股权制衡度	第二到第十大股东持股比例/第一大股东持股比例
Indep	董事会独立性	公司独立董事人数/董事会总人数
Industry	行业控制变量	根据证监会2012年行业分类设置虚拟变量
Year	年度虚拟变量	若样本属于某一年度，则取值为1，否则为0

其中，$FF_{i,t}$、$Competence_{i,t}$以及控制变量与模型（5-1）相同，不同之处是模型（5-2）中增加了$Soe_{i,t}$和$Competence_{i,t} \times Soe_{i,t}$，$Competence_{i,t} \times Soe_{i,t}$的系数$\beta_3$则度量了由于企业产权性质差异对CFO核心胜任能力与企业财务弹性的影响效应，预计β_3的值应显著为负。

5.3 实证结果分析

5.3.1 描述性统计

（1）样本总体的描述性统计

表5-2描述了模型（5-1）中主要变量的描述性统计结果。由表5-2可以看出，在8 052个公司年度样本观测值中，样本公司财务弹性（FF）的标准差为0.180，表明数据存在着一定的波动性，均值为0.065，说明我国企业的财务弹性储备水平整体偏低，最大值和最小值分别为1.286和-0.463，差异较大，侧面反映出我国企业没有一致的财务弹性政策，有些企业储备了一定的财务弹性，而有些企业缺乏财务弹性，对财务弹性的重视程度不尽相同。这与鲍群等（2017）、张改清和祁怀锦（2017）、潘迪和马元驹（2018）的计算结果较为接近。CFO核心胜任能力（Competence）的标准差为0.418，最小值为0，最大值为2.333，数据的波动性较大，存在着较为明显的差异。其他变量在此不一一赘述。

（2）产权分组的描述性统计

表5-3列示了按照产权性质进行分组的描述性统计，同时也列示了均值和中位数组间差异检验结果。由表5-3可以看出，国有企业和非国有企业的财务弹性（FF）的均值分别为0.031和0.086，前者显著低于后者，中位数分别为-0.008和0.037，在统计上具有显著差异，说明产权性质是影响企业财务弹性的重要因素之一。在我国，产权性质不同的企业所受的融资约束程度不同，国有企业的特殊性使其面临的融资约束较小（Chow和Fung，1998），也倾向于储备较低的财务弹性水平。国有企业的CFO核心胜任能力（Competence）的均值为1.375，显著高于非国有企业的1.249，这可能是由于在国有企业中CFO核心胜任能力更能发

表5-2 主要变量的描述性统计结果

Variable	N	Mean	Sd	Min	P25	Median	P75	Max
FF	8 052	0.065	0.180	−0.463	−0.061	0.016	0.151	1.286
Competence	8 052	1.301	0.418	0	1	1.333	1.667	2.333
Soe	8 052	0.402	0.490	0	0	0	1	1
Size	8 052	21.92	1.161	18.15	21.10	21.76	22.58	25.55
ROA	8 052	0.035	0.052	−0.586	0.012	0.032	0.059	0.184
Growth	8 052	0.381	0.979	−2.726	−0.033	0.138	0.442	6.737
Lev	8 052	0.375	0.205	0	0.209	0.360	0.524	0.855
HEU	8 052	3.746	23.46	0	0.017	0.042	0.123	208.7
Capex	8 052	0.044	0.051	−0.007	0.007	0.025	0.061	0.251
Tang	8 052	0.928	0.087	0.223	0.916	0.955	0.978	1
CF	8 052	0.036	0.091	−1.763	−0.004	0.034	0.081	0.294
TC	8 052	−0.029	0.103	−0.65	−0.081	−0.015	0.019	0.272
Share	8 052	35.30	14.96	2.197	23.47	33.40	45.42	75.25
Inp	8 052	21.86	12.81	0	11.42	20.52	30.86	54.21
Indep	8 052	0.373	0.0540	0.231	0.333	0.333	0.429	0.571

挥作用。在控制变量方面，国有企业的公司规模（Size）显著大于非国有企业，国有企业的资产负债率（Lev）显著高于非国有企业，国有企业的公司成长性（Growth）显著高于非国有企业，国有企业的资产有形性（Tang）高于非国有企业，国有企业的第一大股东持股比例（Share）显著高于非国有企业，其他财务特征变量和公司治理变量在统计上均有显著差异。

5.3.2 相关性分析

表5-4列示了本章主要相关连续变量的Pearson相关系数。从表中可以看出，企业财务弹性（FF）与CFO核心胜任能力（Competence）之间的相关系数为-0.033，在1%水平上呈显著负相关，这也初步为本

表 5-3　　按产权性质分组的描述性统计

变量	国有企业						非国有企业						组间差异	
	N	Mean	Sd	Min	Median	Max	N	Mean	Sd	Min	Median	Max	均值（t值）	中值（z值）
FF	3 233	0.031	0.155	-0.314	-0.008	1.235	4 819	0.086	0.189	-0.463	0.037	1.286	0.055***	126.634***
Competence	3 233	1.375	0.402	0.000	1.333	2.333	4 819	1.249	0.422	0.000	1.333	2.333	-0.126***	77.960***
Size	3 233	22.423	1.258	18.473	22.262	25.547	4 819	21.587	0.942	18.468	21.502	25.547	0.841***	642.526***
ROA	3 233	0.027	0.051	-0.586	0.026	0.184	4 819	0.041	0.051	-0.507	0.037	0.184	0.013***	139.212***
Growth	3 233	0.400	1.029	-2.054	0.133	6.337	4 819	0.352	0.859	-2.726	0.142	6.337	0.048**	2.051
Lev	3 233	0.445	0.209	0.001	0.444	0.853	4 819	0.332	0.187	0.000	0.314	0.853	-0.109***	401.137***
HEU	3 233	2.499	13.364	0.000	0.045	104.184	4 819	1.738	11.309	0.000	0.038	104.184	2.487***	29.521***
Capex	3 233	0.040	0.057	0.000	0.021	0.970	4 819	0.048	0.058	-0.007	0.029	0.702	0.008***	51.935***
Tang	3 233	0.941	0.077	0.223	0.962	1.000	4 819	0.919	0.093	0.322	0.951	1.000	0.021***	91.602***
CF	3 233	0.035	0.089	-1.443	0.029	0.292	4 819	0.037	0.091	-1.763	0.037	0.292	0.003	19.251***
TC	3 233	2.039	4.544	0.000	1.028	37.093	4 819	2.476	4.560	0.000	1.414	37.093	-0.035***	297.731***
Share	3 233	39.553	15.486	3.620	39.070	74.960	4 819	32.411	13.827	2.197	30.230	74.960	7.314***	275.266***
Inp	3 233	17.332	12.146	0.000	14.390	54.210	4 819	24.971	12.327	0.850	23.990	54.210	7.630***	506.739***
Indep	3 233	0.368	0.053	0.231	0.333	0.571	4 819	0.376	0.054	0.250	0.333	0.571	0.007***	4.825**

注：*、**和***分别表示 $p<0.1$、$p<0.05$ 和 $p<0.01$，即在10%、5%和1%水平上显著。

书的研究假设5-1提供了佐证；就控制变量而言，大部分变量均在1%水平上显著相关。各主要变量之间的相关系数均未超出Williams的0.65标准，普遍较小，除资产负债率（Lev）的相关系数为-0.532外（由于财务弹性的负债融资弹性计算是以资产负债率为基础而具有相对较高的相关性），其他变量之间的相关系数都比较小。同时，为了避免出现多重共线性，计算了自变量和控制变量的方差膨胀因子（VIF），经检验，VIF值均小于2，VIF的均值为1.57，容忍度（Tolerance）均小于1，表明基本可以排除多重共线性的影响，回归模型是可靠的。需要说明的是，得出的结论还不一定十分准确，相关性分析只是对变量之间的相关关系进行的初步分析，更为严谨的证明还需要通过控制其他因素应用多元回归分析去验证。

5.3.3 多元回归分析

（1）CFO核心胜任能力与财务弹性的实证检验

表5-5报告了本章模型（5-1）中关于CFO核心胜任能力与财务弹性水平的OLS回归结果。表中第（1）列是仅控制年度和行业效应下CFO核心胜任能力与财务弹性水平的回归检验，结果显示，CFO核心胜任能力（Competence）的回归系数为-0.0167，在1%的水平上显著。然后在第（1）列的基础上，分别引入企业内部特征变量（环境不确定性HEU）和外部特征变量（商业信用TC）进行OLS回归，检验结果见第（2）列和第（3）列。结果表明，CFO核心胜任能力与财务弹性水平仍然在5%的水平上显著负相关，这就验证了假设1的提出。CFO核心胜任能力与财务弹性水平呈负向关系，即CFO核心胜任能力较强时，企业倾向于储备较低的财务弹性水平、释放财务弹性；当CFO核心胜任能力较弱时，倾向于储备较高的财务弹性水平、持有财务弹性。在控制变量中，回归结果基本都符合预期，经济解释也比较容易理解。可以发现，公司规模（Size）、资产负债率（Lev）、公司成长性（Growth）、资本支出（Capex）、产权性质（Soe）与财务弹性水平负相关。规模越大的企业，融资约束相对较小，财务弹性水平相对较低；公司成长性越好的企业，现金流以及融资水平相对较好，财务弹性水平也可能相对较

表 5-4　　　　**主要变量的Pearson系数相关性分析**

变量	FF	Competence	Soe	Size	ROA	Growth	Lev	HEU	Capex	Tang	CF	TC	Share	Inp	Indep
FF	1														
Competence	-0.033***	1													
Soe	-0.150***	0.148***	1												
Size	-0.244***	0.175***	0.355***	1											
ROA	0.234***	0.082***	-0.124***	-0.003	1										
Growth	-0.007	0.019*	0.024**	-0.011	0.020*	1									
Lev	-0.532***	0.048***	0.260***	0.431***	-0.290***	0.037***	1								
HEU	0.031***	0.019*	0.052***	0.038***	0.020*	0.057***	-0.048***	1							
Capex	-0.070***	-0.024**	-0.069***	-0.020*	0.055***	-0.091***	-0.026**	-0.068***	1						
Tang	0.056***	0.018	0.119***	0.028**	-0.028**	-0.027**	0.142***	0.040***	-0.008	1					
CF	0.096***	0.048***	-0.014	0.017	0.230***	-0.082***	-0.066***	-0.052***	0.165***	-0.020*	1				
TC	-0.068***	0.022**	0.168***	0.160***	-0.158***	-0.027**	0.237***	0.032***	0.066***	0.018	0.014	1			
Share	0.003	0.075***	0.240***	0.247***	0.057***	-0.009	0.058***	-0.004	-0.012	0.109***	0.043***	0.022**	1		
Inp	0.132***	-0.013	-0.292***	-0.071***	0.138***	0.003	-0.205***	-0.050***	0.100***	-0.180***	0.040***	-0.071***	-0.419***	1	
Indep	0.008	-0.044***	-0.067***	0.012	-0.029***	0.021*	-0.020*	0.012	-0.019*	-0.011	-0.020*	-0.011	0.051***	0.004	1

注：*、**和***分别表示p<0.1、p<0.05和p<0.01，即在10%、5%和1%水平上显著。

低；资产负债率反映了企业的资本结构，也间接反映了负债融资弹性的某个方面，资产负债率越高，财务弹性越低；资本支出反映了现金弹性的某个方面，资本支出越高，现金持有比率越小，财务弹性越低；产权性质与财务弹性负相关，反映出国有企业融资约束相对较小，财务弹性水平较低。自由现金流（CF）越多、企业绩效（ROA）越好的企业，越有利于企业储备财务弹性水平。在公司治理变量中，第一大股东持股比例（Share）和股权制衡度（Inp）与财务弹性水平呈正相关关系，说明治理水平高的企业倾向于储备较高的财务弹性水平。另外，环境不确定性（HEU）与财务弹性在5%的水平上显著负相关，表明环境不确定性升高，降低了企业的财务弹性。商业信用（TC）与企业财务弹性水平在1%的水平上显著正相关，说明企业一旦获得了商业信用，即获得了融资便利性，企业就具备更强的外部融资能力，企业的财务弹性水平提高。而且，回归模型的Adjusted R^2为0.369，也就是36.9%，表明回归模型具有一定的解释力。

（2）产权性质差异对CFO核心胜任能力与财务弹性的实证检验

为了检验不同产权性质下CFO核心胜任能力对财务弹性的影响是否存在差异，将样本分为国有企业组和非国有企业组。表5-6描述了产权性质差异对CFO核心胜任能力与财务弹性影响的回归结果。在第（1）列中，CFO核心胜任能力与财务弹性的回归系数为-0.0147，且在1%的水平上显著；在第（2）列中，CFO核心胜任能力与财务弹性的回归系数为-0.0013，且不再显著；在第（3）列中，CFO核心胜任能力与产权性质的交乘项Competence×Soe的回归系数为-0.01059，且在5%的水平上显著。结果表明，在国有企业中，CFO核心胜任能力对财务弹性的影响更显著，这一结果验证了假设5-2。一是由于体制的原因，国有企业与非国有企业在信贷政策方面存在着差异，国有企业的CFO（总会计师）地位较高，其发挥的作用更大，国有企业有着多元化的融资渠道，企业可以通过银行信贷、政府补贴、股市融资优惠政策等多种渠道获得外源融资；二是非国有企业社会公信力、融资渠道非常有限，银行信贷是其主要的外部资金来源，而且银行对其信贷条件也相对苛刻，CFO的能力发挥有限，因而，CFO核心胜任能力对财务弹性决策的影响较小。

表5-5　CFO核心胜任能力对财务弹性的影响回归结果

变量	(1) 财务弹性FF	(2) 财务弹性FF	(3) 财务弹性FF
Competence	-0.0167***	-0.00930**	-0.00955**
	(-3.33)	(-2.24)	(-2.32)
Size		-0.0114***	-0.0122***
		(-6.28)	(-6.69)
ROA		0.279***	0.317***
		(7.11)	(7.92)
Growth		-0.00159	-0.00131
		(-0.73)	(-0.59)
Lev		-0.463***	-0.477***
		(-39.74)	(-40.65)
HEU			-0.000179**
			(-1.98)
Capex		-0.298***	-0.322***
		(-8.97)	(-9.71)
Tang		0.275***	0.280***
		(14.55)	(14.81)
CF		0.141***	0.134***
		(5.93)	(5.68)
TC			0.152***
			(9.18)
Share		0.000484***	0.000485***
		(3.82)	(3.85)
Inp		0.00104***	0.00102***
		(6.79)	(6.72)
Indep		-0.00947	-0.00882
		(-0.32)	(-0.30)
Soe		-0.0110***	-0.0131***
		(-2.81)	(-3.34)
Industry	控制	控制	控制
Year	控制	控制	控制
Constant	0.243***	0.194***	0.210***
	(5.50)	(4.38)	(4.71)
R^2	0.424	0.371	0.372
Adjusted R^2	0.421	0.368	0.369
F值	142.43	118.96	113.69
N	8 052	8 052	8 052

注：***、**和*分别表示在1%、5%和10%水平上显著；括号内为异方差调整后（Robust）的t值。

表5-6 产权性质差异对CFO核心胜任能力与财务弹性影响的回归结果

变量	(1) 国有企业	(2) 非国有企业	(3) 全样本
Competence	-0.0147***	-0.0013	-0.0107***
	(-4.38)	(-0.50)	(-2.97)
Soe			-0.0096***
			(-2.85)
Competence×Soe			-0.01059** (-2.35)
Size	-0.00447***	-0.0101***	-0.0121***
	(-3.32)	(-7.39)	(-6.76)
ROA	0.0240	0.0669***	0.332***
	(0.86)	(2.81)	(9.55)
Growth	-0.00394***	-0.00221*	-0.00135*
	(-3.01)	(-1.70)	(-1.76)
Lev	-0.246***	-0.417***	-0.476***
	(-32.97)	(-58.46)	(-48.28)
HEU	-0.000222***	-0.0000673	-0.000181**
	(-4.71)	(-1.15)	(-2.57)
Capex	-0.0926***	-0.0553**	-0.346***
	(-3.22)	(-2.50)	(-10.48)
Tang	0.0369*	0.0445***	0.281***
	(2.06)	(3.49)	(14.26)
CF	0.0174	0.0426***	0.132***
	(1.15)	(3.41)	(7.36)
TC	0.0257*	0.0120	0.154***
	(1.82)	(1.09)	(9.23)

续表

变量	(1) 国有企业	(2) 非国有企业	(3) 全样本
Share	−0.0000378	−0.0000712	0.000476***
	(−0.37)	(−0.80)	(3.77)
Inp	−0.000282**	0.0000515	0.00102***
	(−2.25)	(0.51)	(6.85)
Indep	−0.0198	0.00695	−0.00691
	(−0.79)	(0.34)	(−0.23)
Industry	控制	控制	控制
Year	控制	控制	控制
Constant	0.263***	0.407***	0.214***
	(7.89)	(11.88)	(4.75)
R^2	0.364	0.538	0.371
Adjusted R^2	0.357	0.534	0.368
F值	49.413	142.613	112.470
N	3 233	4 819	8 052

注：***、**和*分别表示在1%、5%和10%水平上显著；括号内为异方差调整后（Robust）的t值。

5.4 进一步讨论

5.4.1 基于财务弹性构成的检验

由前文分析可知，财务弹性的度量集中在现金弹性和负债融资弹性两个方面，分别反映企业现金调用能力和负债融资能力。为了进一步说明CFO核心胜任能力对财务弹性的影响，下面基于财务弹性构成的视角，说明CFO核心胜任能力对财务弹性的影响。CFO是通过预防性持现动机，还是通过缓解代理持现动机，来缓解融资约束，即财务弹性主要包括的现金弹性和负债融资弹性两个方面，CFO核心胜任能力对哪种情形影响更大。

表5-7报告了不同财务弹性度量方式下CFO核心胜任能力对财务弹性影响的回归结果。在第（1）列和第（2）列中，CFO核心胜任能力与负债融资弹性的回归系数分别为-0.0171和-0.00794，且在1%的水平上显著，在第（3）列和第（4）列中，CFO核心胜任能力与财务弹性的回归结果不显著。可以发现，CFO核心胜任能力对负债融资弹性影响更大，说明核心胜任能力较强的CFO能够凭借其能力和地位提供筹资渠道，帮助企业以较低的成本获取外部融资，缓解融资约束，提高融资效率，最终提高企业资本配置效率。

表5-7 不同财务弹性度量方式下CFO核心胜任能力对财务弹性影响的回归结果

变量	(1) 负债融资弹性	(2) 负债融资弹性	(3) 现金弹性	(4) 现金弹性
Competence	-0.0171***	-0.00794***	-0.000407	-0.00161
	(-5.99)	(-3.67)	(-0.13)	(-0.54)
Size		-0.00776***		-0.00442**
		(-7.77)		(-3.28)
ROA		0.0337		0.283***
		(1.52)		(9.36)
Growth		-0.00291**		0.00161
		(-2.65)		(0.96)
Lev		-0.336***		-0.141***
		(-50.70)		(-17.02)
HEU		-0.000192***		0.0000136
		(-3.72)		(0.21)
Capex		-0.0811***		-0.241***
		(-4.57)		(-9.32)

续表

变量	(1) 负债融资弹性	(2) 负债融资弹性	(3) 现金弹性	(4) 现金弹性
Tang		0.0377**		0.243***
		(3.15)		(18.11)
CF		0.0343**		0.0995***
		(3.02)		(4.30)
TC		0.0174*		0.135***
		(2.09)		(10.26)
Share		0.0000422		0.000443***
		(0.61)		(4.80)
Inp		0.0000737		0.000946***
		(0.89)		(8.46)
Indep		0.00110		−0.00992
		(0.07)		(−0.46)
Industry	控制	控制	控制	控制
Year	控制	控制	控制	控制
Constant	0.0582***	0.344***	−0.0500***	−0.135***
	(5.38)	(13.49)	(−4.51)	(−4.22)
R^2	0.024	0.467	0.011	0.157
Adjusted R^2	0.021	0.464	0.007	0.152
N	8 052	8 052	8 052	8 052

注：***、**和*分别表示在1%、5%和10%水平上显著；括号内为异方差调整后（Robust）的t值。

5.4.2 基于财务风险的调节效应

正如前述理论假设中第一条路径分析结果，核心胜任能力较强的

CFO通过提高公司资金配置效率和外部融资能力，降低了企业预防性持现动机，提高了潜在现金流，从而导致企业财务弹性水平更低。那么，可以预期在不同的财务风险水平下，CFO核心胜任能力对企业财务弹性水平的影响效应存在明显差异。

参考Opler等（1999）、徐细雄等（2018）的研究，并借鉴国际主流文献的通行做法，可以用公司现金流波动性（花冯涛和徐飞，2018）和货币政策（饶品贵和姜国华，2013；陆正飞和杨德明，2011）来度量公司所面临的内部和外部融资环境的风险程度。货币政策影响到企业的信贷决策，在紧缩的货币政策下，融资约束增加，因此企业需要妥善运用资金，提高资金配置效率。公司的现金流的波动性越强，货币政策越趋向于紧缩，外部融资难度越大，公司预防性持现动机越强。

借鉴陈志斌和王诗雨（2015）的方法，公司现金流波动性（CFV，Cash Flow Volatility）采用近3年"经营活动现金净流量/总资产"的标准差来表示。参考陆正飞和杨德明（2011）对货币政策宽松程度（MP）的度量方法，使用年度（M2增长率-GDP增长率-CPI增长率）的差值作为衡量当年货币政策的代理指标，若MP为负则定义为货币政策紧缩时期，反之则为货币政策宽松时期。通过计算，2010、2011年为负值，MP取值为1；其余年份为正值，MP取0。

表5-8中报告了现金流波动、CFO核心胜任能力和企业财务弹性的回归结果，现金流波动性（CFV）与财务弹性在1%的水平上显著负相关，表明公司现金流波动严重，公司需要增强负债融资水平。现金流波动性与CFO核心胜任能力的交乘项CFV×Competence的回归系数在5%的水平上显著为正，表明公司现金流波动越严重，CFO核心胜任能力对公司负债融资弹性的影响效应越明显，也即CFO核心胜任能力降低了现金流波动对公司负债融资弹性的影响。

表5-9中报告了货币政策、CFO核心胜任能力和企业财务弹性的回归结果，货币政策宽松程度（MP）与财务弹性在1%的水平上显著正相关，表明货币政策越宽松，进行银行信贷越容易，企业负债融资弹性越大。货币政策与CFO核心胜任能力的交乘项MP×Competence的回归系数在1%的水平上显著负相关，表明在货币紧缩时期，CFO核心胜任能

表5-8 **现金流波动下CFO核心胜任能力和企业财务弹性的回归结果**

变量	(1) 负债融资弹性 (等权平均)	(2) 负债融资弹性 (流通市值加权)	(3) 负债融资弹性 (总市值加权)
CFV	-0.215***	-0.257***	-0.253***
	(-2.62)	(-2.79)	(-2.82)
Competence	-0.0137***	-0.0150***	-0.0144***
	(-3.21)	(-3.20)	(-3.16)
CFV×Competence	0.0756**	0.0740**	0.0782**
	(2.27)	(2.11)	(2.20)
Size	-0.00907***	-0.0139***	-0.0131***
	(-6.98)	(-9.79)	(-9.55)
ROA	0.0394	0.0627**	0.0532*
	(1.30)	(2.11)	(1.81)
Growth	-0.00440***	-0.00464***	-0.00463***
	(-2.95)	(-2.79)	(-2.85)
Lev	-0.300***	-0.348***	-0.333***
	(-34.52)	(-36.69)	(-35.84)
HEU	-0.000199*	-0.000254**	-0.000236*
	(-2.19)	(-2.72)	(-2.57)
Capex	-0.136***	-0.145***	-0.143***
	(-5.88)	(-5.33)	(-5.49)
Tang	0.0177	0.0210	0.0233
	(1.24)	(1.39)	(1.57)
CF	0.0301*	0.0263	0.0272*
	(1.93)	(1.55)	(1.65)

续表

变量	(1) 负债融资弹性 (等权平均)	(2) 负债融资弹性 (流通市值加权)	(3) 负债融资弹性 (总市值加权)
TC	0.00413	-0.00138	0.00186
	(0.37)	(-0.11)	(0.15)
Share	-0.00000947	-0.000119	-0.000131
	(-0.10)	(-1.15)	(-1.29)
Inp	0.00000233	0.0000876	0.0000294
	(0.02)	(0.72)	(0.25)
Indep	0.00628	0.0135	0.0147
	(0.29)	(0.57)	(0.64)
Industry	控制	控制	控制
Year	控制	控制	控制
Constant	0.393***	0.518***	0.486***
	(12.00)	(14.83)	(14.37)
R^2	0.452	0.495	0.483
Adjusted R^2	0.447	0.490	0.478
F值	61.155	74.993	69.570
N	4 008	4 008	4 008

注：***、**和*分别表示在1%、5%和10%水平上显著；括号内为异方差调整后（Robust）的t值。

力对公司负债融资弹性的影响效应明显，也即CFO核心胜任能力降低了货币政策对公司负债融资弹性的影响。

5.4.3 基于公司治理的调节效应

由融资约束的定义可知，代理问题越严重或信息不对称越突出的公司，受到的融资约束越大。如果CFO有着更好的履职环境，CFO核心胜

表5-9　货币政策下CFO核心胜任能力和企业财务弹性的回归结果

变量	(1) 负债融资弹性 (等权平均)	(2) 负债融资弹性 (流通市值加权)	(3) 负债融资弹性 (总市值加权)
MP	0.641***	0.618***	0.605***
	(4.86)	(4.06)	(4.17)
Competence	-0.00679***	-0.00826***	-0.00763***
	(-3.49)	(-3.68)	(-3.57)
MP×Competence	-0.249***	-0.321***	-0.288***
	(-2.68)	(-3.00)	(-2.83)
Size	-0.00879***	-0.0142***	-0.0129***
	(-9.00)	(-13.78)	(-13.01)
ROA	0.0446**	0.0643***	0.0515**
	(2.06)	(2.90)	(2.40)
Growth	-0.00319***	-0.00401***	-0.00408***
	(-2.89)	(-3.26)	(-3.42)
Lev	-0.335***	-0.396***	-0.375***
	(-51.05)	(-58.23)	(-56.69)
HEU	-0.000194***	-0.000269***	-0.000242***
	(-3.72)	(-4.78)	(-4.45)
Capex	-0.0875***	-0.0829***	-0.0814***
	(-5.08)	(-4.21)	(-4.32)
Tang	0.0342***	0.0502***	0.0487***
	(2.85)	(4.30)	(4.26)
CF	0.0324***	0.0332***	0.0351***
	(2.88)	(2.59)	(2.93)
TC	0.0000176	0.0000276	-0.0000302
	(0.26)	(0.37)	(-0.42)

续表

变量	(1) 负债融资弹性 (等权平均)	(2) 负债融资弹性 (流通市值加权)	(3) 负债融资弹性 (总市值加权)
Share	0.000143*	0.000358***	0.000245***
	(1.76)	(4.13)	(2.91)
Inp	0.00520	0.0163	0.0166
	(0.32)	(0.91)	(0.97)
Indep	-0.00879***	-0.0142***	-0.0129***
	(-9.00)	(-13.78)	(-13.01)
Industry	控制	控制	控制
Year	控制	控制	控制
Constant	0.355***	0.476***	0.435***
	(13.91)	(18.35)	(17.40)
R^2	0.466	0.529	0.512
Adjusted R^2	0.463	0.527	0.510
N	8 052	8 052	8 052

注：***、**和*分别表示在1%、5%和10%水平上显著；括号内为异方差调整后（Robust）的t值。

任能力越强，越能更好地履行财务监督职能，那么可以改善公司治理效率，缓解公司代理持现动机并缓解融资约束，从而导致公司现金持有比率较低。另外，负债融资可以视为一种公司治理机制，能够显著减少代理成本（Ang，2000；Mckight和Weir，2009）。那么，可以预期在不同的公司治理水平下，CFO核心胜任能力对财务弹性的影响效应会存在明显差异。借鉴Fama和Jensen（1983）、肖忠意等（2020）的研究经验，本书将两职合一（Dual）作为衡量公司治理水平的代理变量，即当董事长和总经理两职由一人兼任时取值为1，否则为0。

表5-10报告了公司治理、CFO核心胜任能力与财务弹性的回归结

果。其中，第（1）列和第（2）列报告了现金弹性的回归结果，第（3）列和第（4）列报告了负债融资弹性的回归结果。可以发现，在第（1）列和第（2）列回归结果中，两职合一（Dual）的系数在1%的水平上显著为正，这说明代理问题越严重的公司，公司持有现金越多，现金弹性越大，即公司代理持现动机越强。交乘项Competence×Dual的系数分别为-0.0195和-0.0147，在1%或5%的水平上显著为负，这表明公司代理问题越严重，CFO核心胜任能力对现金弹性的影响效应越明显，也就是说CFO核心胜任能力缓解了代理冲突对公司现金弹性的影响。

表5-10　**基于公司治理的检验结果**

变量	（1） 现金弹性	（2） 现金弹性	（3） 负债融资弹性	（4） 负债融资弹性
Competence	0.00548	0.00153	-0.0174***	-0.0119***
	（1.53）	（0.45）	（-5.36）	（-4.83）
Dual	0.0367***	0.0258***	0.0107	-0.0139**
	（3.51）	（2.70）	（1.18）	（-2.10）
Competence×Dual	-0.0195***	-0.0147**	0.00373	0.0125**
	（-2.60）	（-2.13）	（0.56）	（2.57）
Size		-0.00455***		-0.00853***
		（-3.46）		（-8.62）
ROA		0.284***		0.0418*
		（9.48）		（1.89）
Growth		0.00166		-0.00310***
		（1.00）		（-2.82）
Lev		-0.141***		-0.337***
		（-17.01）		（-50.73）
HEU		0.0000149		-0.000194***
		（0.23）		（-3.72）

续表

变量	(1) 现金弹性	(2) 现金弹性	(3) 负债融资弹性	(4) 负债融资弹性
Capex		-0.241***		-0.0767***
		(-9.28)		(-4.33)
Tang		0.243***		0.0342***
		(18.12)		(2.85)
CF		0.0998***		0.0341***
		(4.31)		(3.01)
TC		0.133***		0.0151*
		(10.22)		(1.81)
Share		0.000423***		0.0000328
		(4.60)		(0.48)
Inp		0.000964***		0.000132
		(8.71)		(1.63)
Indep		-0.0149		0.00391
		(-0.68)		(0.24)
Industry	控制	控制	控制	控制
Year	控制	控制	控制	控制
Constant	-0.0587***	-0.137***	0.0552***	0.363***
	(-5.17)	(-4.37)	(4.96)	(14.33)
Adjusted R^2	0.0133	0.1575	0.0278	0.4651
N	8 052	8 052	8 052	8 052

注：***、**和*分别表示在1%、5%和10%水平上显著；括号内为异方差调整后（Robust）的t值。

在第（3）列和第（4）列回归结果中，两职合一（Dual）的系数在5%的水平上显著为负，这说明代理问题越严重的公司，负债融资弹性越小，即公司较少采取负债融资。交乘项Competence×Dual的系数为0.0125，在5%的水平上显著为正，这表明公司代理问题越严重，CFO核心胜任能力对负债融资弹性的负向影响效应越明显。以上结果表明，核心胜任能力较强的CFO确实可以通过缓解公司代理冲突和融资约束来降低企业财务弹性水平。

5.4.4 区分不同融资约束的检验

信息不对称理论认为，在不完美的资本市场中，由于交易双方存在着信息不对称，资金提供者与企业之间的资源无法有效配置和使用，企业不可避免地面临着融资约束问题。此时企业需要预先进行筹资策略安排，考虑利用自身的有利资源，缓解融资约束，科学合理地进行财务弹性储备水平决策。当外部融资约束较严重时，企业需要保持一定的财务弹性，如果CFO核心胜任能力很强，具备一定的外部融资能力，则可调整企业的财务弹性储备水平。

已有文献表明，规模较小企业难以接触外部资本市场，融资约束严重，由于其较少的可抵押资产以及银行信贷歧视，难以获得银行信贷支持；而规模较大企业由于实力雄厚，在市场占有率以及信誉方面具有显著优势，抵御财务风险的能力也更强，更容易获得银行的信贷支持（刘志远等，2013；王满等，2015）。借鉴曾爱民等（2011）、刘志远等（2013）、张改清和祁怀锦（2017）的做法，采用公司规模作为融资约束的代理变量，采用中位数法将样本公司划分为融资约束低组和融资约束高组，分别对CFO核心胜任能力与财务弹性的关系做进一步检验，表5-11呈现了实证检验结果。从表中可以发现，在不同的融资约束条件下，CFO核心胜任能力对财务弹性的影响效应存在着差异。在融资约束低组中，CFO核心胜任能力与财务弹性的回归系数是-0.00345，不显著；在融资约束高组中，CFO核心胜任能力与财务弹性的回归系数是-0.0188，在1%的水平上显著负相关。这种结果表明，当企业面临较严重的融资约束时，CFO核心胜任能力对企业财务弹性的影响更显著。即CFO核心胜任能力较强的企业，能够在一定程度上缓解外部融资约束，企业能够通过各种渠道筹集所需资金，储备较低的财务弹性；而

CFO核心胜任能力较弱的企业，融资能力相对较差，只能通过平时储备较高的财务弹性水平来获得资金重构。

表5-11 不同融资约束下的检验结果

变量	(1) 融资约束低	(2) 融资约束高
Competence	-0.00345	-0.0188***
	(-0.69)	(-3.16)
Size	-0.00594**	-0.0153***
	(-2.24)	(-3.11)
ROA	0.313***	0.360***
	(6.64)	(7.29)
Growth	-0.000974	-0.00151
	(-0.45)	(-0.54)
Lev	-0.347***	-0.607***
	(-27.94)	(-40.46)
HEU	-0.000109	-0.000188
	(-1.39)	(-1.50)
Capex	-0.314***	-0.347***
	(-7.72)	(-6.62)
Tang	0.182***	0.353***
	(7.36)	(11.69)
CF	0.127***	0.128***
	(5.43)	(4.66)
TC	0.147***	0.138***
	(7.37)	(5.17)
Share	0.000215	0.000903***
	(1.45)	(4.28)

续表

变量	(1) 融资约束低	(2) 融资约束高
Inp	0.000792***	0.00120***
	(4.33)	(5.12)
Indep	-0.0960**	0.0350
	(-2.56)	(0.75)
Soe	0.00523	-0.0331***
	(1.12)	(-5.33)
Industry	控制	控制
Year	控制	控制
Constant	0.162**	0.221*
	(2.58)	(1.92)
R^2	0.2867	0.4179
Adjusted R^2	0.2797	0.4064
F值	41.039	68.272
N	4 023	4 029

注：***、**和*分别表示在1%、5%和10%水平上显著；括号内为异方差调整后（Robust）的t值。

5.4.5 区分未来投资机会的检验

为了能够在未来出现有利的投资机会时，有能力抓住这一机会，企业需要保持一定的财务弹性，做出合理的筹资安排，进行合理的财务弹性储备水平决策。投资机会是财务弹性作用于企业绩效的一个中间变量，在财务弹性和企业绩效中扮演着中介因子的角色（杨柳和潘镇，2019）。为了能够有效应对未来投资使用资金的选择权，企业需要储备合理的财务弹性水平，做出更可靠的筹资策略安排，保持财务上的灵活性。

基于前文实证基础，借鉴Opler等（1999）、Linck等（2008）、曾爱民等（2011）的做法，本书采用市值与账面价值的比值作为投资机会的代理变量，比值越高表明公司的投资机会越好。采用中位数法将样本公司划分为投资机会好组和投资机会差组，分别对CFO核心胜任能力与财务弹性的关系做进一步检验，表5-12是实证检验结果。从中可以发现，在不同的投资机会下，CFO核心胜任能力对财务弹性的影响效应存在着差异。在投资机会好组中，CFO核心胜任能力与财务弹性的回归系数是-0.0142，在5%的水平上显著负相关；在投资机会差组中，CFO核心胜任能力与财务弹性的回归系数是-0.00205，不显著。这种结果表明，当企业面临较好的投资机会时，CFO核心胜任能力对企业财务弹性的影响更显著。即当企业面临较好的投资机会时，为了抓住这一有利投资机会，CFO核心胜任能力较强的企业，能够充分调动现有的财务资源或获取新的财务资源；而CFO核心胜任能力较弱的企业，融资能力相对较差，只能通过平时储备较高的财务弹性水平来获得资金重构。

表5-12 不同投资机会下的检验结果

变量	(1) 投资机会好	(2) 投资机会差
Competence	-0.0142**	-0.00205
	(-2.50)	(-0.38)
Size	-0.0215***	-0.0110***
	(-8.08)	(-4.25)
ROA	0.465***	0.194***
	(10.24)	(3.49)
Growth	-0.00190	0.00120
	(-0.79)	(0.47)
Lev	-0.470***	-0.511***
	(-33.75)	(-36.38)
HEU	-0.000177*	-0.0000942
	(-1.90)	(-0.87)

续表

变量	(1) 投资机会好	(2) 投资机会差
Capex	-0.283***	-0.357***
	(-6.18)	(-7.31)
Tang	0.254***	0.279***
	(8.99)	(10.34)
CF	0.120***	0.173***
	(5.24)	(5.40)
TC	0.0965***	0.202***
	(3.88)	(9.22)
Share	0.000308*	0.000655***
	(1.65)	(3.90)
Inp	0.000845***	0.001000***
	(3.80)	(5.13)
Indep	-0.00877	0.000405
	(-0.20)	(0.01)
Soe	-0.0103*	-0.00741
	(-1.87)	(-1.35)
Industry	控制	控制
Year	控制	控制
Constant	0.426***	0.197***
	(6.39)	(3.14)
R^2	0.3631	0.4179
Adjusted R^2	0.3569	0.4120
F值	58.846	70.720
N	4 170	3 882

注：***、**和*分别表示在1%、5%和10%水平上显著；括号内为异方差调整后（Robust）的t值。

5.5 稳健性检验

5.5.1 控制CEO可能产生的影响

前述结果表明，CFO核心胜任能力显著影响了企业财务弹性。然而，在现代企业中，CEO与CFO是决定公司运营与公司绩效的两个核心高管，CFO的财务决策行为可能会受到CEO特征的影响，CEO某些个人特征可能也会对企业财务弹性产生一定影响，CEO的决策权威可能也是影响企业财务弹性的因素，CEO决策权威是CEO将个人意志和理念嵌入到团队组织决策中的体现（Finkelstein 和 Haleblian，1993），CEO权威越强可能带来其隐性的决策影响力越大（Finkelstein 和 Hambrick，1996）。因此，为了增强研究结论的可靠性，借鉴王福胜和程富（2014）、徐细雄等（2018）的做法，检验CEO权威对企业财务弹性的影响，将CEO权威纳入模型，对CFO核心胜任能力与财务弹性的关系作进一步验证。借鉴Adams等（2005）、Finkelstein 和 Hambrick（1996）、杨继东和刘诚（2013）的方法，用声望权威、地位稳固权威、所有者权威以及位置权威的等权平均值度量CEO权威。其中，声望权威、地位稳固权威以及所有者权威是隐性权威（非正式权威），而位置权威是公司章程赋予CEO进行决策的显性权威（正式权威）。并且，财务弹性指标分别以等权平均、总市值加权、流通市值加权等三种计算方法加以计量，重新进行稳健性检验。

表5-13分别报告了控制CEO权威后CFO核心胜任能力对财务弹性影响的回归结果。通过回归结果发现，CEO权威（Authority）对财务弹性度量方法的三个指标均不显著，说明CEO权威对企业财务弹性的影响不明显。在控制了CEO权威后，CFO核心胜任能力与财务弹性的回归系数分别为-0.0111、-0.0139和-0.0131，分别在10%、5%、5%的水平上显著为负。由此，研究假设得到了再次验证。

表5-13　控制CEO权威后CFO核心胜任能力对财务弹性影响的回归结果

变量	(1) 财务弹性 (等权平均)	(2) 财务弹性 (流通市值加权)	(3) 财务弹性 (总市值加权)
Competence	-0.0111*	-0.0139**	-0.0131**
	(-1.73)	(-2.04)	(-1.96)
Authority	0.00813	0.0144	0.0111
	(0.88)	(1.49)	(1.16)
Size	-0.0134***	-0.0187***	-0.0172***
	(-4.80)	(-6.46)	(-6.01)
ROA	0.324***	0.307***	0.300***
	(6.36)	(5.83)	(5.79)
Growth	-0.00145	-0.00182	-0.00191
	(-0.63)	(-0.73)	(-0.79)
Lev	-0.478***	-0.537***	-0.515***
	(-25.90)	(-27.78)	(-26.98)
HEU	-0.000179	-0.000251**	-0.000220*
	(-1.33)	(-1.98)	(-1.74)
Capex	-0.317***	-0.322***	-0.316***
	(-7.58)	(-7.17)	(-7.10)
Tang	0.276***	0.314***	0.308***
	(10.37)	(10.93)	(10.84)
CF	0.133***	0.133***	0.135***
	(4.75)	(4.69)	(4.64)
TC	0.149***	0.134***	0.145***
	(5.69)	(4.80)	(5.28)

续表

变量	(1) 财务弹性 (等权平均)	(2) 财务弹性 (流通市值加权)	(3) 财务弹性 (总市值加权)
Share	0.000461**	0.000506**	0.000455**
	(2.23)	(2.29)	(2.08)
Inp	0.00109***	0.00138***	0.00125***
	(4.68)	(5.54)	(5.11)
Indep	-0.00517	0.0159	0.00754
	(-0.11)	(0.32)	(0.16)
Industry	控制	控制	控制
Year	控制	控制	控制
Constant	0.231***	0.351***	0.297***
	(3.44)	(5.04)	(4.33)
R^2	0.368	0.400	0.383
Adjusted R^2	0.365	0.397	0.380
N	8 052	8 052	8 052

注：***、**和*分别表示在1%、5%和10%水平上显著；括号内为经过公司聚类（Cluster）调整后的t值。

5.5.2 替换变量法

（1）更换CFO核心胜任能力的度量

为了避免变量度量可能存在偏差的问题，增强研究所得结论的可靠性，对CFO核心胜任能力的三个维度指标进行主成分分析，并取第一大主成分指标进行回归再检验。最终得到CFO核心胜任能力第一大主成分特征值1.46，大于1，解释了总体方差45.08%的变化情况，表明了CFO核心胜任能力指标构建的合理性。检验结果见表5-14。表中第（1）列、第（2）列和第（3）列分别是更换CFO核心胜任能力度量指标后与财务弹性三种度量方式的回归结果。由表5-14回归结果可知，CFO核心胜任能力与财务弹性的回归系数分别为-0.00858、-0.0104和-0.00982，均在5%的水平上显著负相关，进一步验证假设1的论述，说明所得结论是稳健的。

表5-14　更换CFO核心胜任能力度量指标的稳健性检验结果

变量	(1) 财务弹性 (等权平均)	(2) 财务弹性 (流通市值加权)	(3) 财务弹性 (总市值加权)
Competence	-0.00858**	-0.0104**	-0.00982**
	(-2.21)	(-2.51)	(-2.39)
Size	-0.0122***	-0.0172***	-0.0159***
	(-4.29)	(-5.84)	(-5.46)
ROA	0.318***	0.300***	0.294***
	(6.23)	(5.68)	(5.66)
Growth	-0.00137	-0.00175	-0.00185
	(-0.60)	(-0.70)	(-0.77)
Lev	-0.477***	-0.534***	-0.513***
	(-25.92)	(-27.76)	(-26.96)
HEU	-0.000178	-0.000251**	-0.000219*
	(-1.32)	(-1.98)	(-1.73)
Capex	-0.322***	-0.329***	-0.322***
	(-7.73)	(-7.34)	(-7.25)
Tang	0.281***	0.320***	0.313***
	(10.50)	(11.10)	(10.98)
CF	0.134***	0.134***	0.136***
	(4.75)	(4.71)	(4.65)
TC	0.155***	0.141***	0.152***
	(5.90)	(5.05)	(5.50)

续表

变量	(1) 财务弹性 (等权平均)	(2) 财务弹性 (流通市值加权)	(3) 财务弹性 (总市值加权)
Share	0.000474**	0.000526**	0.000470**
	(2.30)	(2.39)	(2.15)
Inp	0.00103***	0.00130***	0.00118***
	(4.35)	(5.13)	(4.75)
Indep	−0.0140	0.00604	−0.00170
	(−0.30)	(0.12)	(−0.03)
Soe	−0.0141**	−0.0193***	−0.0162**
	(−2.16)	(−2.73)	(−2.33)
Industry	控制	控制	控制
Year	控制	控制	控制
Constant	0.208**	0.323***	0.272***
	(3.04)	(4.53)	(3.88)
R^2	0.369	0.407	0.391
Adjusted R^2	0.366	0.404	0.387
N	8 052	8 052	8 052

注：***、**和*分别表示在1%、5%和10%水平上显著；括号内为经过公司聚类（Cluster）调整后的t值。

（2）财务弹性判断阈值的检验

由于财务弹性判断阈值的客观性问题，不同的判断阈值选择，代表着不同的财务弹性企业子样本，可能会导致不同的研究结果。借鉴陈红兵和连玉君（2013）、刘志远等（2013）、崔也光和由晓玮（2019）的做法，用年度中位数法以及行业中位数法，重新界定财务弹性为虚拟变量，对模型重新进行回归检验。具体做法是结合企业财务弹性指标，以财务弹性指标中位数为基准值，将企业划分为财务弹性企业和非财务弹性企业。

表5-15报告了分样本下CFO核心胜任能力对财务弹性影响的回归结果。表中第（1）列、第（3）列和第（5）列为财务弹性企业，第（2）列、第（4）列和第（6）列为非财务弹性企业。从表中可以看出，CFO核心胜任能力对财务弹性的影响在财务弹性企业较显著，根据财务弹性的三种度量方法，回归系数分别为-0.0113、-0.0137和-0.0125，均在1%的水平上显著负相关，而对于非财务弹性企业，则均不显著。结果表明，CFO核心胜任能力对财务弹性呈现显著的负向影响。这也再次验证了假设1的论述。

5.5.3 内生性检验

实证结果表明，核心胜任能力越强的CFO，其所在公司的财务弹性水平越低。但可能存在反向因果的内生性问题。由于现实中CFO可能并非公司随机雇用，实力较强的公司更倾向于雇用核心胜任能力较强的CFO，或者核心胜任能力较强的CFO更愿意选择到实力较强的公司工作。同时，考虑到可能遗漏重要变量和克服由于选择偏误可能带来的内生性问题，为了消除内生性问题的干扰，本书分别对设定模型进行稳健性检验，主要采取以下四种方法：（1）所有自变量滞后一期控制可能的内生性问题；（2）以CFO核心胜任能力的滞后一期作为工具变量进行两阶段最小二乘法（2SLS）回归；（3）采用倾向得分匹配方法（PSM）进行检验；（4）采用固定效应模型进行检验。

（1）所有自变量滞后一期

表5-16是所有自变量滞后一期的检验结果。结果显示，CFO核心胜任能力对财务弹性的等权平均、流通市值加权、总市值加权等三种计算方式的估计系数分别为-0.00945、-0.0129和-0.0120，均在5%的水平上显著为负，表明CFO核心胜任能力对财务弹性呈负相关关系。因此，在考虑了内生性后，本书所得结论仍具有稳定性，说明反向因果问题并不会对本书所得结论造成影响。

（2）两阶段最小二乘法（2SLS）回归

表5-17报告了2SLS方法下CFO核心胜任能力与财务弹性的第二阶段回归结果。从表中第（2）列、第（4）列、第（6）列可以看出，CFO

表 5-15 分样本下CFO核心胜任能力对财务弹性影响的回归结果

变量	(1) 财务弹性企业	(2) 非财务弹性企业	(3) 财务弹性企业	(4) 非财务弹性企业	(5) 财务弹性企业	(6) 非财务弹性企业
	财务弹性（等权平均）	财务弹性（等权平均）	财务弹性（流通市值加权）	财务弹性（流通市值加权）	财务弹性（总市值加权）	财务弹性（总市值加权）
Competence	-0.0113***	0.0000112	-0.0137***	0.000229	-0.0125***	0.000344
	(-3.57)	(0.45)	(-4.35)	(0.35)	(-4.02)	(0.72)
Size	-0.00531***	-0.00000601	-0.0113***	-0.00135***	-0.0105***	-0.000725***
	(-3.29)	(-0.56)	(-7.04)	(-4.90)	(-6.61)	(-3.56)
ROA	-0.0142	0.0000898	-0.000743	0.00830	-0.0107	0.00723
	(-0.50)	(0.41)	(-0.03)	(1.45)	(-0.38)	(1.71)
Growth	-0.00107	-0.000000925	-0.00122	-0.000252	-0.00161	-0.000296
	(-0.71)	(-0.08)	(-0.81)	(-0.89)	(-1.09)	(-1.42)
Lev	-0.506***	-0.000381***	-0.540***	-0.0247***	-0.534***	-0.0162***
	(-44.56)	(-5.56)	(-47.98)	(-13.93)	(-47.88)	(-12.40)
HEU	-0.000115**	-0.00000092*	-0.000162***	-0.00004***	-0.000156***	-0.0000248***
	(-2.11)	(-1.94)	(-3.01)	(-3.25)	(-2.92)	(-2.73)
Capex	-0.0452	-0.000362*	0.00431	-0.0142**	-0.00528	-0.00939**
	(-1.49)	(-1.84)	(0.14)	(-2.80)	(-0.18)	(-2.50)
Tang	0.0511***	-0.0000126	0.0833***	-0.000353	0.0823***	-0.00112
	(3.41)	(-0.09)	(5.61)	(-0.10)	(5.59)	(-0.44)
CF	0.0539***	0.0000466	0.0400**	0.00145	0.0510***	0.00173
	(2.84)	(0.46)	(2.13)	(0.56)	(2.74)	(0.90)

续表

变量	(1) 财务弹性企业	(2) 非财务弹性企业	(3) 财务弹性企业	(4) 非财务弹性企业	(5) 财务弹性企业	(6) 非财务弹性企业
	财务弹性（等权平均）	财务弹性（等权平均）	财务弹性（流通市值加权）	财务弹性（流通市值加权）	财务弹性（总市值加权）	财务弹性（总市值加权）
TC	0.0351**	-0.00000594	0.00709	-0.00517**	0.0122	-0.00146
	(2.38)	(-0.06)	(0.48)	(-2.01)	(0.84)	(-0.77)
Share	0.000135	0.000000517	0.000143	-0.0000136	0.0000573	-0.0000239
	(1.29)	(0.65)	(1.38)	(-0.66)	(0.56)	(-1.58)
Inp	0.0000948	0.000000157	0.000282**	-0.00000245	0.000166	-0.0000121
	(0.79)	(0.16)	(2.37)	(-0.10)	(1.40)	(-0.66)
Indep	-0.0157	-0.000177	0.0123	-0.0116**	0.0127	-0.00846**
	(-0.64)	(-0.92)	(0.51)	(-2.34)	(0.53)	(-2.30)
Soe	-0.0143***	-0.0000370	-0.0180***	-0.00152**	-0.0153***	-0.000683
	(-4.28)	(-1.57)	(-5.43)	(-2.49)	(-4.67)	(-1.51)
Industry	控制	控制	控制	控制	控制	控制
Year	控制	控制	控制	控制	控制	控制
Constant	0.362***	0.000519	0.458***	0.0541***	0.423***	0.0343***
	(9.08)	(1.93)	(11.60)	(7.77)	(10.81)	(6.68)
R^2	71.57	0.4217	0.0274	0.1349	0.4886	0.1220
Adjusted R^2	0.4217	0.4158	0.0178	0.1263	0.4834	0.1134
F值	71.54	2.87	97.75	15.76	93.76	14.05
N	3867	4185	3867	4185	3867	4185

注：***、**和*分别表示在1%、5%和10%水平上显著；括号内为经过公司聚类（Cluster）调整后的t值。

表5-16 滞后一期CFO核心胜任能力对财务弹性的影响

变量	(1) 财务弹性（等权平均）	(2) 财务弹性（流通市值加权）	(3) 财务弹性（总市值加权）
Competence	-0.00945**	-0.0129**	-0.0120**
	(-1.99)	(-2.54)	(-2.40)
Size	-0.0152***	-0.0197***	-0.0186***
	(-7.62)	(-9.47)	(-9.05)
ROA	0.310***	0.285***	0.280***
	(6.15)	(5.40)	(5.36)
Growth	-0.000632	-0.00149	-0.00152
	(-0.26)	(-0.57)	(-0.59)
Lev	-0.380***	-0.428***	-0.412***
	(-29.54)	(-31.56)	(-30.68)
HEU	-0.000125	-0.000186*	-0.000157
	(-1.13)	(-1.70)	(-1.45)
Capex	-0.331***	-0.357***	-0.353***
	(-8.59)	(-8.72)	(-8.75)
Tang	0.251***	0.287***	0.286***
	(10.51)	(11.12)	(11.15)
CF	0.139***	0.139***	0.137***
	(4.85)	(4.71)	(4.60)
TC	0.136***	0.132***	0.141***
	(7.05)	(6.43)	(6.94)
Share	0.000360***	0.000384***	0.000354***
	(2.56)	(2.55)	(2.37)
Inp	0.000792***	0.00104***	0.000941***
	(4.67)	(5.73)	(5.29)
Indep	0.00739	0.0322	0.0208
	(0.21)	(0.86)	(0.57)
Industry	控制	控制	控制
Year	控制	控制	控制
Constant	0.239***	0.360***	0.310***
	(4.86)	(7.00)	(6.15)
R^2	0.302	0.323	0.315
Adjusted R^2	0.298	0.319	0.311
F值	53.734	59.112	56.466
N	5 815	5 815	5 815

注：***、**和*分别表示在1%、5%和10%水平上显著；括号内为经过公司聚类（Cluster）调整后的t值。

核心胜任能力对财务弹性的等权平均、流通市值加权、总市值加权等三种计算方式的估计系数分别为-0.0155、-0.0203和-0.0191，均在1%的水平上显著为负，表明CFO核心胜任能力与财务弹性呈负相关关系。此外，进行了弱工具变量过度识别检验，结果表明最小特征值F统计量都大于经验值10，因此不存在弱识别（Weak Identification）问题。因此，在采用2SLS方法缓解内生性问题可能导致的研究结论偏误下，依然得到稳健的研究结论。

（3）倾向得分匹配方法（PSM）

为解决样本选择可能存在的偏误问题，接下来采用倾向得分匹配方法（Propensity Score Matching，PSM）进行稳健性测试。为了能够实现PSM，本书根据CFO核心胜任能力的大小将样本排序，将CFO核心胜任能力分为较强和较弱样本，采取二分法生成CFO核心胜任能力虚拟变量Competence_dummy，然后使用Logistic模型将CFO核心胜任能力虚拟变量对主回归分析中包含的所有控制变量以及行业控制变量和年度哑变量作为自变量进行回归，根据模型得到的倾向得分使用最近邻匹配法（Nearest Neighbor Matching，NNM）对样本进行1：1配对。表5-18是PSM配对后的回归结果，从中可以看出，CFO核心胜任能力对财务弹性的等权平均、流通市值加权、总市值加权等三种计算方法的估计系数分别为-0.00905、-0.0109和-0.0104，分别在5%、1%和5%的水平上显著为负，PSM检验结果支持了假设5-1，与原有结果仍然保持一致，说明本书的研究结果具有稳健性。

（4）固定效应模型

由于本研究采用的样本数据为面板数据，为缓解可能存在遗漏不随时间改变的固定因素内生性问题，接下来继续采用面板数据回归方法对假设进一步进行检验。根据Hausman检验结果，当p值小于0.5时，可以采用固定效应模型进行检验，以减轻不同程度的干扰。固定效应模型的回归结果见表5-19，CFO核心胜任能力（Competence）的回归系数仍然显著为负，表明在考虑个体差异所产生的内生性问题后，CFO核心胜任能力能够显著降低企业财务弹性水平这一结论依然稳健，支持了假设5-1。

表 5-17　　工具变量的2SLS方法下CFO核心胜任能力与财务弹性的第二阶段回归结果

变量	(1) 财务弹性（等权平均）	(2) 财务弹性（等权平均）	(3) 财务弹性（流通市值加权）	(4) 财务弹性（流通市值加权）	(5) 财务弹性（总市值加权）	(6) 财务弹性（总市值加权）
	第一阶段	第二阶段	第一阶段	第二阶段	第一阶段	第二阶段
IV	0.7808***		0.7808***		0.7808***	
	(70.84)		(70.84)		(70.84)	
Competence		-0.0155***		-0.0203***		-0.0191***
		(-2.79)		(-3.44)		(-3.28)
Size	0.0041	-0.0111***	0.0041	-0.0158***	0.0041	-0.0148***
	(0.82)	(-5.67)	(0.82)	(-7.59)	(0.82)	(-7.18)
ROA	0.1203	0.3236***	0.1203	0.3243***	0.1203	0.3177***
	(1.26)	(8.62)	(1.26)	(8.14)	(1.26)	(8.07)
Growth	-0.0030	-0.0014	-0.0030	-0.0016	-0.0030	-0.0016
	(-0.61)	(-0.74)	(-0.61)	(-0.76)	(-0.61)	(-0.76)
Lev	0.0102	-0.4349***	0.0102	-0.4876***	0.0102	-0.4688***
	(0.36)	(-39.36)	(0.36)	(-41.59)	(0.36)	(-40.49)
HEU	-0.0001	-0.0002***	-0.0001	-0.0003***	-0.0001	-0.0003***
	(-0.28)	(-2.92)	(-0.28)	(-3.53)	(-0.28)	(-3.22)
Capex	-0.0379	-0.3443***	-0.0379	-0.3790***	-0.0379	-0.3680***
	(-0.38)	(-8.83)	(-0.38)	(-9.16)	(-0.38)	(-9.01)
Tang	-0.0066	0.2355***	-0.0066	0.2615***	-0.0066	0.2596***
	(-0.12)	(11.14)	(-0.12)	(11.66)	(-0.12)	(11.71)

续表

变量	(1) 财务弹性（等权平均）	(2) 财务弹性（等权平均）	(3) 财务弹性（流通市值加权）	(4) 财务弹性（流通市值加权）	(5) 财务弹性（总市值加权）	(6) 财务弹性（总市值加权）
	第一阶段	第二阶段	第一阶段	第二阶段	第一阶段	第二阶段
CF	0.0022	0.1355***	0.0022	0.1426***	0.0022	0.1404***
	(0.04)	(6.65)	(0.04)	(6.60)	(0.04)	(6.57)
TC	0.0445	0.1332***	0.0445	0.1266***	0.0445	0.1352***
	(0.95)	(7.19)	(0.95)	(6.45)	(0.95)	(6.97)
Share	0.0002	0.0002	0.0002	0.0002	0.0002	0.0002
	(0.57)	(1.54)	(0.57)	(1.30)	(0.57)	(1.20)
Inp	0.0006	0.0008***	0.0006	0.0010***	0.0006	0.0009***
	(1.45)	(4.73)	(1.45)	(5.57)	(1.45)	(5.10)
Indep	-0.0061	0.0246	-0.0061	0.0444	-0.0061	0.0355
	(-0.07)	(0.74)	(-0.07)	(1.26)	(-0.07)	(1.01)
Industry	控制	控制	控制	控制	控制	控制
Year	控制	控制	控制	控制	控制	控制
Constant	-0.7555***	0.2160***	-0.7555***	0.3194***	-0.7555***	0.2884***
	(-6.13)	(4.43)	(-6.13)	(6.17)	(-6.13)	(5.64)
R^2	0.484	0.350	0.484	0.376	0.484	0.366
Adjusted R^2	0.481	0.346	0.481	0.372	0.481	0.362
F值	146.55		146.55		146.55	
N	5 815	5 815	5 815	5 815	5 815	5 815

注：***、**和*分别表示在1%、5%和10%水平上显著；第一阶段和第二阶段回归结果括号内分别为t值和Z值，IV对应CFO核心胜任能力滞后一期。

表5-18 倾向得分匹配方法（PSM）的回归结果

变量	(1) 财务弹性（等权平均）	(2) 财务弹性（流通市值加权）	(3) 财务弹性（总市值加权）
Competence	-0.00905**	-0.0109***	-0.0104**
	(-2.42)	(-2.62)	(-2.46)
Size	-0.00763***	-0.0151***	-0.0116***
	(-3.28)	(-5.87)	(-4.97)
ROA	0.313***	0.311***	0.292***
	(6.36)	(7.04)	(6.43)
Growth	0.00190	0.00401	0.00454
	(0.67)	(1.22)	(1.38)
Lev	-0.447***	-0.488***	-0.468***
	(-12.41)	(-10.90)	(-11.47)
HEU	-0.0000254	-0.0000851	-0.0000352
	(-0.22)	(-0.71)	(-0.31)
Capex	-0.411***	-0.388***	-0.409***
	(-7.89)	(-5.71)	(-6.25)
Tang	0.287***	0.354***	0.335***
	(10.81)	(8.98)	(9.55)
CF	0.115***	0.104***	0.107***
	(4.73)	(4.14)	(4.20)
TC	0.152***	0.107***	0.125***
	(4.57)	(3.65)	(3.93)
Share	0.000596**	0.000694***	0.000621**
	(2.32)	(2.49)	(2.31)
Inp	0.00104***	0.00138***	0.00122***
	(3.19)	(3.47)	(3.30)
Indep	-0.00927	0.00588	-0.00386
	(-0.20)	(0.12)	(-0.08)
Industry	控制	控制	控制
Year	控制	控制	控制
Constant	0.108**	0.233***	0.164**
	(2.04)	(3.91)	(2.81)
R^2	0.332	0.357	0.335
Adjusted R^2	0.331	0.356	0.334
F值	221.483	251.294	229.969
N	7 979	7 979	7 979

注：***、**和*分别表示在1%、5%和10%水平上显著；括号内为经过公司聚类（Cluster）调整后的t值。

表5-19　CFO核心胜任能力与财务弹性（固定效应模型）

变量	(1) 财务弹性 (等权平均)	(2) 财务弹性 (流通市值加权)	(3) 财务弹性 (总市值加权)	(4) 财务弹性 (等权平均)	(5) 财务弹性 (流通市值加权)	(6) 财务弹性 (总市值加权)
Competence	-0.0043***	-0.0014**	-0.0020**	-0.0047***	-0.0018**	-0.0023**
	(-2.86)	(-2.27)	(-2.38)	(-2.93)	(-2.34)	(-2.44)
Size	0.0466***	0.0422***	0.0432***	0.0434***	0.0400***	0.0410***
	(10.78)	(9.39)	(9.73)	(9.93)	(8.79)	(9.10)
ROA	0.1274***	0.0962***	0.1131***	0.1196***	0.1155***	0.1230***
	(4.00)	(2.90)	(3.45)	(3.72)	(3.44)	(3.71)
Growth	-0.0053***	-0.0066***	-0.0063***	-0.0055***	-0.0063***	-0.0061***
	(-3.38)	(-4.06)	(-3.94)	(-3.53)	(-3.84)	(-3.79)
Lev	-0.3975***	-0.4441***	-0.4257***	-0.4038***	-0.4483***	-0.4290***
	(-29.82)	(-32.02)	(-31.09)	(-30.23)	(-32.20)	(-31.18)
HEU	0	0	0	0	0	0
	(0.36)	(-0.11)	(-0.07)	(0.40)	(-0.05)	(-0.04)
Capex	-0.2238***	-0.2073***	-0.2003***	-0.2212***	-0.2165***	-0.2048***
	(-7.74)	(-6.89)	(-6.74)	(-7.59)	(-7.13)	(-6.82)
Tang	0.4642***	0.5004***	0.4744***	0.4733***	0.4974***	0.4764***
	(19.42)	(20.12)	(19.32)	(19.72)	(19.88)	(19.26)
CF	0.1365***	0.1386***	0.1358***	0.1427***	0.1476***	0.1440***
	(9.43)	(9.21)	(9.14)	(9.81)	(9.74)	(9.61)
TC	0.0757***	0.0621***	0.0636***	0.0674***	0.0621***	0.0617***
	(3.69)	(2.91)	(3.02)	(3.27)	(2.89)	(2.91)
Share	0.0006**	0.0010***	0.0008***	0.0006**	0.0008***	0.0007**
	(2.12)	(3.61)	(2.87)	(2.32)	(2.80)	(2.46)
Inp	0.0009***	0.0013***	0.0011***	0.0010***	0.0012***	0.0011***
	(4.03)	(5.79)	(4.98)	(4.55)	(5.27)	(4.82)
Indep	0.0170	0.0113	0.0192	0.0174	0.0195	0.0218
	(0.44)	(0.28)	(0.49)	(0.45)	(0.49)	(0.55)
Industry	控制	控制	控制	控制	控制	控制
Year	控制	控制	控制	控制	控制	控制
Industry×Year	未控制	未控制	未控制	控制	控制	控制
Constant	-1.6762***	-1.5599***	-1.5769***	-1.8233***	-1.7488***	-1.7642***
	(-11.15)	(-9.97)	(-10.21)	(-10.16)	(-9.35)	(-9.54)
Adjusted R^2	0.222	0.272	0.246	0.248	0.294	0.267
F值	43.90	57.43	50.06	13.70	17.28	15.10
N	8 052	8 052	8 052	8 052	8 052	8 052

注：***、**和*分别表示在1%、5%和10%水平上显著；括号内为经过公司聚类（Cluster）调整后的t值。

5.6 本章小结

财务弹性决策是企业一项重要的财务政策。作为企业财务政策的决策者和执行者，CFO在企业财务弹性决策中扮演着重要角色。本章以2009—2018年我国沪深两市A股上市公司为样本，从CFO核心胜任能力视角出发，深入检验了CFO核心胜任能力对企业财务弹性的影响效应，探讨了企业财务弹性决策，通过实证检验得出以下几点结论：（1）CFO核心胜任能力与企业财务弹性水平呈负相关关系，即CFO核心胜任能力越强的企业，往往越倾向于储备较低的财务弹性，释放财务弹性；（2）相对于非国有企业而言，国有企业的CFO核心胜任能力强度对财务弹性的负向影响更加显著，主要由于国有企业的CFO（总会计师）有着特殊的地位和功能，有政府作为“后盾”，核心胜任能力强的CFO缓解融资约束的能力更易施展，CFO核心胜任能力对财务弹性决策结果的影响较大；（3）研究发现，在对财务弹性样本进行不同的划分时，当企业面临的融资约束程度较严重以及面临的投资机会较好时，CFO核心胜任能力对企业财务弹性水平的负向影响更显著；（4）CFO核心胜任能力对负债融资弹性的负向影响效应越明显，核心胜任能力较强的CFO越可以通过缓解公司代理冲突和融资约束来降低企业财务弹性水平。

上述研究结论表明，CFO核心胜任能力是影响企业储备财务弹性水平的一个重要因素，企业的财务弹性决策会依据CFO核心胜任能力的强弱进行相机抉择，CFO核心胜任能力较强的企业会选择储备较低的财务弹性水平，释放财务弹性，反之，则会储备较高的财务弹性水平，同时，这种影响效应会因产权性质、财务风险、公司治理、投资机会、融资约束等的变化而存在显著差异。

本章的研究价值主要体现在：第一，进一步厘清了CFO核心胜任能力与企业财务弹性水平之间的关系，不仅关注了它们之间的相关关系，还分析了其作用机制，并进行了检验。第二，本章研究结论拓宽了财务弹性影响因素的研究视角，拓展了CFO作为企业核心高管在财务决策上的作用和功能。第三，本章基于CFO核心胜任能力视角分析了企业财务弹性水平，在实践中引导企业根据不同因素和自身情况进行科学、合理的财务弹性决策。

6 截面特征差异、CFO核心胜任能力与财务弹性研究

企业并非处于“真空”的环境中，在其经营过程中经常面临着各种不确定性，这些不确定性给企业各种决策带来极大的风险，也给企业带来更多的机遇与挑战。由于实际中外部资本市场发展还不够完善，信息不对称性以及交易成本的存在，企业通过资本市场低成本获取资金的难度较大，大部分企业普遍存在着融资约束的困扰。因此，企业保持一定的财务弹性对企业的发展具有重要意义。

一些学者研究了宏观经济环境、行业特征、内外部治理机制等影响企业财务弹性决策的因素。任宏达和王琨（2019）认为企业同时存在“竞争劣势成本效应”和“融资成本效应”[①]，产品市场竞争和融资约束程度是企业做财务决策时的重要战略考量（王勇，2016）。当企业面临

① 一方面，企业披露的信息有可能帮助其产品市场的竞争对手做出更优的决策，从而损害公司的价值，这种成本定义为竞争劣势成本。竞争劣势成本较高的企业会保持更高的信息不透明程度，以避免来自竞争对手的压力，称为“竞争劣势成本效应”。另一方面，企业存在“融资成本效应”，即企业有动机为了降低融资成本主动提高信息披露的强度和质量，而这个效应在产品市场竞争激烈的企业更容易看到，因为产品市场竞争激烈的企业对资本的需求是巨大的。

融资约束和投资机会不确定性时，企业的储备财务弹性起到调节自由现金流与投资机会相匹配的重要功能（Viral等，2007；Duchin，2010；陆正飞和韩非池，2013）。因此，CFO核心胜任能力对财务弹性决策的影响，很可能还受到企业截面特征差异带来的影响，如产品市场地位、融资约束程度等。为此，本书从产品市场和资本市场角度出发，引入这些企业截面特征因素，以理论剖析企业微观截面因素对CFO核心胜任能力与财务弹性决策两者间的影响。

从企业截面特征差异视角出发，研究其对CFO核心胜任能力与财务弹性决策的影响，具有重要的理论意义和实践意义。首先，有利于我们更好地从产品市场和资本市场角度理解企业财务弹性决策发挥经济效应的实现路径和外部条件。其次，有利于理解CFO核心胜任能力对企业财务行为的影响机制，有利于拓展企业截面特征差异（产品市场地位、融资约束程度）与微观企业行为决策联系的研究思路。最后，有利于企业决策者更好地理解财务弹性决策的作用机理，帮助其明确财务弹性决策方向，优化财务弹性储备策略，从而促进企业提升市场竞争力，实现企业价值创造。

6.1 理论分析与研究假设

6.1.1 产品市场地位、CFO核心胜任能力与企业财务弹性

自20世纪80年代中期以来，财务理论领域中的财务权变理论与产业组织理论领域中的产品市场竞争研究互动协同发展。财务理论重点关注企业、股东以及债权人之间的相互关系，研究如何提高企业资源配置效率，包括资产配置和资本配置；财务权变理论将不确定性纳入财务理论研究的范围，强调财务运行系统与环境的动态协调，进一步推进财务理论的发展和财务理论体系的重构；产业组织理论则关注企业的资本结构与其在产品市场竞争时所采用的战略之间的关系，认为企业所拥有的财务资源与企业行为相互作用，进而影响到企业在产品市场上的表现，并最终决定企业的市场竞争地位。

刘端等（2011）、孙进军和顾乃康（2012）认为企业的财务资源及财务决策行为同时也支撑着市场竞争行为，并最终会对产品市场业绩产生影响。产品市场竞争是连接宏观经济和微观企业的纽带，产品市场竞争具有对微观企业的公司治理效应（杨兴全等，2015）。其中，最主要的就是企业的融资行为、资本结构与产品市场竞争的相互作用。韩忠雪和周婷婷（2011）研究发现，产品市场竞争对现金持有的影响取决于融资约束的程度。在资金拮据的企业中，产品市场竞争对现金持有有显著的积极影响，这表现为预防动机；在没有融资约束的企业中，产品市场竞争对现金持有有很大的负面影响，这反映在产品市场竞争的治理效果上。魏志华和朱彩云（2019）认为企业面临的竞争强度不同，潜在的获利能力也不相同，只有在行业中占据有利的竞争地位，才有可能获得较高的盈利能力。黄继承和姜付秀（2015）研究发现，产品市场竞争越激烈，企业调整资本结构的速度就越快，这充分说明产品市场竞争影响着企业资本结构动态调整的治理效果。

产品市场竞争对于任何企业来说都是无法回避的外在压力，威胁到企业现金流的稳定性，削弱了企业的盈利能力。资本结构掠夺理论指出，企业采取低财务杠杆的保守政策有利于实施有效的产品市场竞争战略。朱武祥等（2002）首次从产品市场竞争视角来解释企业的融资行为，研究发现产品市场竞争程度与企业财务杠杆之间呈负相关关系。面对较强产品市场竞争威胁的企业更倾向于采取保守的财务政策（Bonaimé等，2014），以便缓解风险和增强对市场风险的反应能力，保持高额现金持有和较低的债务水平（Haushalter等，2007；Hoberg等，2014），即处于产品市场竞争激烈行业中的企业为控制整体经营风险，提高产品市场竞争优势，会主动保持较高的财务弹性，以应对捕食风险（Predatory Risk）。

已有的公司治理理论研究表明，产品市场竞争为缓解公司管理者和所有者之间的利益冲突提供了一种外部治理机制（Allen和Gale，2000；Hoberg等，2010），激烈的产品市场竞争为企业提供了一种更加严格的外部治理环境。在一个既定的产业竞争结构中，当主要竞争对手之间的经营效率差异不显著时，如果企业保持一定的市场竞争地位，反而财务弹性可以转变为企业的一项竞争优势因素。Gamba和Triantis（2008）认为现金流充足、财务杠杆低的企业在产品市场竞争中能够更为迅速且低成本地获取直接的获利能力，主动发起价格战和营销战，挤压竞争对手的利润，迫使其他企业被动跟进，将其拖入财务困境。

产品市场地位较低的企业，因资源及信息劣势导致其在融资渠道、资本投资、生产经营方面难以形成特定的掠夺条件，外部融资的能力相对较弱，需通过自我积累获取资金。而产品市场地位较高的企业，因其便利的融资渠道为企业提供了雄厚的资金支持，自由的生产经营有利于其分散经营，稳定的资本投资为抵御掠夺风险提供了天然屏障。所以，在行业内产品市场地位较高的企业，企业在创造自由现金流和外部融资方面具有特别优势，CFO核心胜任能力能够为企业迅速搭起资源获取的通道，增强了信贷资源的可得性，使企业具有更高的外部融资能力；在行业内产品市场地位较低的企业，CFO核心胜任能力发挥外部融资能力相对较弱。因此，在行业内产品市场地位较高的企业，CFO核心胜任能力对企业财务弹性的负向影响可能更加显著。基于以上分析，本书提出如下假设：

假设6-1：相比产品市场地位较低的企业，产品市场地位较高的企业CFO核心胜任能力强度对企业财务弹性的负向影响更显著。

6.1.2 融资约束、CFO核心胜任能力与企业财务弹性

在不确定的环境中，企业的经营活动普遍受到融资方面的制约，企业环境的复杂多变以及决策活动的不确定性是企业财务弹性存在的前提。MM定理（Modigliani和Miller，1958、2010）认为，在完美资本市场的假设下，不存在财务摩擦，企业可以自由选择内源融资和外部资金方式，企业的投资决策不会受其融资决策的影响，此时企业没有必要储备财务弹性，财务弹性也就失去了存在的价值。但是在现实中，信息不对称以及交易成本的存在会导致资本市场的不完善，资金提供者与企业之间的资源无法有效配置和使用，市场摩擦增加了外部融资的成本，此时财务弹性的储备显得至关重要。

根据融资优序理论（Pecking Order Theory），当企业存在资金需求

时，首先，与外部融资相比，公司偏好于内部融资；其次，当内部融资不能满足所需资金时，偏好于债券融资；最后，才是股权融资。信息不对称理论认为，在不完美的资本市场中，企业获取内外部融资成本存在差异，企业普遍存在着融资约束。信息不对称也引起企业的融资决策不能按照融资优序理论进行。当企业内部资金不足而外部融资成本过高时，企业将面临融资约束困境，不得不放弃有利的投资项目。如果企业事先储备充足的财务弹性，就能在一定程度上缓解融资约束，因此，企业会出于缓解资金短缺的目的而持有超额现金。企业持有超额现金，除了能防止信息不对称以及交易成本等因素带来的内外部融资差异，还能避免陷入资不抵债的财务困境。因此，理性的管理者在制定财务决策时应该将财务弹性的影响考虑在内。

Denis和Sibilkov（2010）认为现金持有能够促使受融资约束的公司增加投资，而且边际投资更有价值。陈红兵和连玉君（2013）研究表明，财务弹性显著提高了融资约束企业的投资支出水平。此外，融资约束程度越严重，意味着企业面临的信息不对称程度越高；不对称信息问题越严重，公司的融资优序倾向越强烈（干胜道，2019）。如果企业事先储备了财务弹性，就能避免融资约束带来的种种限制。杜勇等（2019）认为融资约束可衡量企业获取资源方面的能力。为了缓解外部融资约束，CFO核心胜任能力强的企业会及时调用财务资源，更多地利用自身资源来筹集所需资金，改善企业的外部融资环境，增强了信贷资源的可得性。而CFO核心胜任能力弱的企业则通过预先储备较高的财务弹性水平来获得资金重构。因此，CFO核心胜任能力强能够缓解企业融资约束程度，进而为企业提供资金来源，降低了企业财务弹性水平。基于以上分析，本书提出如下假设：

假设6-2：CFO核心胜任能力与融资约束负相关，即企业的CFO核心胜任能力越强越能缓解融资约束程度。

假设6-3：融资约束在CFO核心胜任能力对财务弹性的影响中起到中介作用，即企业的CFO核心胜任能力越强越能缓解融资约束程度，降低企业财务弹性。

6.2 研究设计

6.2.1 样本选择与数据来源

本书的数据主要来自CSMAR数据库、WIND数据库以及相关的财经网站。表示CFO核心胜任能力的相关变量来源于CSMAR数据库和相关的财经网站，并经过搜集整理和赋值形成独特数据集；控制变量的相关数据来源于CSMAR数据库。

选取沪深两市A股上市公司2009—2018年的数据为研究对象，为了确保实证分析的有效性和可行性，对样本作如下筛选：(1) 剔除金融保险类上市公司。此类公司与其他行业差异较大，其指标不具有可比性。(2) 剔除被证监会特别处理的ST、*ST、PT的上市公司，此类公司的财务状况已经连续两年亏损或发生异常。(3) 剔除关键指标值缺失的上市公司。另外，为了消除极端值的影响，对关键指标进行了前后1%的Winsorize缩尾处理，最终得到8 052个样本观测值。所有数据运用Stata15软件进行分析和处理。

6.2.2 主要变量的度量

(1) 产品市场竞争地位的度量

现有文献关于企业产品市场地位（Pcm）的度量指标主要有勒纳指数（Lener Index）和赫芬达尔指数（HHI）。借鉴杨兴全和尹兴强（2015）的做法，本书采用勒纳指数来度量，具体方法为单位产品价格减去单位产品边际成本后再除以单位产品价格，其实质上反映了企业的市场定价能力，鉴于边际成本难以获取，一般研究中常以平均成本替代。勒纳指数与同期行业年度中位数相比，大于取值为1，否则为0。该值越大，表示该企业在行业内所处市场地位越高。

稳健性检验中，借鉴Datta等（2011）、黄枫等（2013）的研究设计，本书以营业收入毛利率（1-主营业务成本/主营业务收入）作为产品市场地位的度量指标。引入哑变量Pcm_dum，界定滞后一期的营业收入毛利率高于同期行业年度中位数时，取值为1，表示企业产品市场地位较高；反之取0，表示企业产品市场地位较低。

（2）融资约束程度的度量

关于企业融资约束（FC）的度量指标主要有KZ指数和SA指数。本书借鉴魏志华等（2014）、杜勇等（2019）的做法，参考Kaplan和Zingales（1997）的做法，构建了符合中国情境的KZ指数，该值越大，意味着企业面临的融资约束越严重。

（3）控制变量

借鉴Dittmar等.（2003）、祝继高和陆正飞（2009）、刘志远等（2013）、刘名旭和向显湖（2014）等学者对财务弹性影响因素的研究，汇集了以下主要变量：公司规模（Size）、总资产收益率（ROA）、资产负债率（Lev）、产权性质（Soe）、自由现金流（CF）、公司成长性（Growth）、环境不确定性（HEU）、资本性支出（Capex）、商业信用融资（TC）、资产有形性（Tang）等公司特征变量，以及股权制衡度（Inp）、第一大股东持股比例（Share）、董事会独立性（Indep）等公司治理变量。最后，在模型中加入年度虚拟变量（Year）和行业控制变量（Industry）控制时间因素和行业差异的影响。各变量的具体定义见表6-1。

表6-1 **变量定义与计算方法**

变量名称	变量含义	计算方法
FF	财务弹性	（企业实际现金持有比率-行业现金持有比率）+Max（行业平均负债比率-企业实际负债比率，0）
Competence_pc	CFO核心胜任能力合成指标1	CFO核心胜任能力三个维度八个虚拟变量的主成分合成指标
Competence_ew	CFO核心胜任能力合成指标2	CFO核心胜任能力三个维度八个虚拟变量的等权平均值
Pcm	产品市场地位	勒纳指数，与同期行业年度中位数相比，大于取值为1，否则为0 营业收入毛利率（1-主营业务成本/主营业务收入）与同期行业年度中位数相比，大于取值为1，否则为0

续表

变量名称	变量含义	计算方法
FC	融资约束程度	KZ指数（根据公司经营性净现金流量、现金股利、现金持有、资产负债率以及Tobin's Q等财务指标构建融资约束指数） SA指数（使用公司规模和公司年龄两个外生性变量来刻画）
Soe	产权性质	若上市公司为国有企业，取值为1，否则为0
Size	公司规模	期末资产总额的自然对数
ROA	总资产收益率	净利润/总资产
Growth	公司成长性	当期主营业务收入增长率
HEU	环境不确定性	近三年净利润率的标准离差率
Capex	资本性支出	购建固定资产、无形资产和其他长期资产支付的现金/总资产
Tang	资产有形性	(固定资产+存货）/总资产
CF	自由现金流	经营活动产生的现金流量净额/总资产
TC	商业信用融资	(应付总额-应收总额）/总资产
Share	第一大股东持股比例	第一大股东持股股数/总股数
Inp	股权制衡度	第二到第十大股东持股比例/第一大股东持股比例
Indep	董事会独立性	公司独立董事人数/董事会总人数
Industry	行业控制变量	根据证监会2012年行业分类设置虚拟变量
Year	年度虚拟变量	若样本属于某一年度，取值为1，否则为0

6.2.3 模型设计

为了检验产品市场地位对CFO核心胜任能力与财务弹性的影响(假设6-1)，在前述模型的基础上，加入产品市场地位变量$Pcm_{i,t}$，即将上一章模型（5-1）改为如下模型（6-1）：

$$FF_{i,t} = \beta_0 + \beta_1 Competence_{i,t} + \beta_2 Pcm_{i,t} + \beta_3 Competence_{i,t} \times Pcm_{i,t} + \beta_i Control_{i,t} + \sum Industry + \sum Year + \varepsilon_{i,t} \quad (6-1)$$

其中，$Pcm_{i,t}$为企业产品市场地位虚拟变量，当公司勒纳指数（Lener Index）大于行业年度中位数时，取值为1，表示企业产品市场地位较高；反之取0，表示企业产品市场地位较低。

为了检验融资约束对CFO核心胜任能力与财务弹性的影响（假设6-2），借鉴Baron和Kenny（1986）的方法，采用Sobel中介因子法检验以融资约束作为中介因子的有效性。建立模型（6-2）和（6-3）：

$$FC_{i,t} = \beta_0 + \beta_1 Competence_{i,t} + \beta_i Control_{i,t} + \sum Industry + \sum Year + \varepsilon_{i,t} \quad (6-2)$$

$$FF_{i,t} = \beta_0 + \beta_1 Competence_{i,t} + \beta_2 FC_{i,t} + \beta_i Control_{i,t} + \sum Industry + \sum Year + \varepsilon_{i,t} \quad (6-3)$$

其中，$FC_{i,t}$为融资约束变量，运用KZ指数（根据资产负债率、公司经营性净现金流、Tobin's Q、现金持有以及现金股利等财务指标构建融资约束指数）以及SA指数（使用企业规模和上市公司年龄两个外生性变量来刻画）来度量。

6.3 实证结果分析

6.3.1 描述性统计

表6-2报告了主要变量的描述性统计结果。从表中可以看到，产品市场地位（Pcm）的标准差为0.141，数据表现出一定程度的不稳定性。中位数为0.084，最大值为0.871，最小值为-2.910，表明样本区间不同公司的产品市场地位具有明显的差异，水平差距显著。融资约束（FC）指标KZ指数的均值为1.320，最小值为0.770，最大值为1.575，表明样本公司融资约束程度比较高。其他控制变量与现有文献基本一致，在此不一一赘述。

6.3.2 相关性分析

表6-3为主要相关连续变量的Pearson相关系数。由表6-3可知，

表6-2　　主要变量的描述性统计结果

变量	N	Mean	Sd	Min	P25	Median	P75	Max
FF	8 052	0.065	0.180	-0.463	-0.061	0.016	0.151	1.286
Competence	8 052	1.301	0.418	0	1	1.333	1.667	2.333
Pcm	8 052	0.097	0.141	-2.910	0.039	0.084	0.153	0.871
FC	8 052	1.320	0.069	0.770	1.280	1.323	1.364	1.575
Soe	8 052	0.402	0.490	0	0	0	1	1
Size	8 052	21.92	1.161	18.15	21.10	21.76	22.58	25.55
ROA	8 052	0.035	0.052	-0.586	0.012	0.032	0.059	0.184
Growth	8 052	0.381	0.979	-2.726	-0.033	0.138	0.442	6.737
Lev	8 052	0.375	0.205	0	0.209	0.360	0.524	0.855
HEU	8 052	3.746	23.46	0	0.017	0.042	0.123	208.7
Capex	8 052	0.044	0.051	-0.007	0.007	0.025	0.061	0.251
Tang	8 052	0.928	0.087	0.223	0.916	0.955	0.978	1
CF	8 052	0.036	0.091	-1.763	-0.004	0.034	0.081	0.294
TC	8 052	-0.029	0.103	-0.650	-0.081	-0.015	0.019	0.272
Share	8 052	35.30	14.96	2.197	23.47	33.40	45.42	75.25
Inp	8 052	21.86	12.81	0	11.42	20.52	30.86	54.21
Indep	8 052	0.373	0.054	0.231	0.333	0.333	0.429	0.571

CFO核心胜任能力（Competence）与财务弹性（FF）在1%的水平上呈正相关关系，相关系数为-0.033，初步证明了CFO核心胜任能力对企业财务弹性有积极的影响。企业产品市场地位（Pcm）与财务弹性（FF）在1%的水平上显著正相关，融资约束（FC）与财务弹性（FF）在1%的水平上显著负相关，表明融资约束程度越高财务弹性越低。除资产负债率（Lev）相关系数为-0.532外（由于财务弹性的负债融资弹性计算时以资产负债率为基础而具有相对较高的相关性），其他变量之间的相关性系数均不大。另外，通过进一步计算本章所有回归方程的方差膨胀因子（VIF），发现VIF的平均值均小于2。因此，多重共线性不会对本章的回归模型产生严重影响。需要说明的是，两两变量之间关系的检验，得出的结论并不一定十分准确，更为严谨的证明还需要通过控制其他可能影响结果的因素进行后续的多元回归分析去验证。

表6-3 主要变量Pearson系数相关性分析

变量	FF	Competence	Pcm	FC	Soe	Size	ROA	Growth	Lev	HEU	Invest	Tang	CF	TC	Share	Inp	Indep
FF	1																
Competence	-0.033***	1															
Pcm	0.092***	0.055***	1														
FC	-0.079***	0.008	-0.024**	1													
Soe	-0.150***	0.148***	-0.042***	0.127***	1												
Size	-0.244***	0.175***	0.130***	-0.060***	0.355***	1											
ROA	0.234***	0.082***	0.561***	-0.033***	-0.124***	-0.003	1										
Growth	-0.007	0.019*	0.079***	0.047***	0.024**	-0.011	0.020*	1									
Lev	-0.532***	0.048***	-0.102***	0.113***	0.260***	0.431***	-0.290***	0.037***	1								
HEU	0.031***	0.019*	0.032***	0.082***	0.052***	0.038***	0.020*	0.057***	-0.048***	1							
Capex	-0.070***	-0.024**	0.039***	-0.131***	-0.069***	-0.020*	0.055***	-0.091***	-0.026**	-0.068***	1						
Tang	0.056***	0.018	-0.094***	0.009	0.119***	0.028**	-0.028**	-0.027**	0.142***	0.040***	-0.008	1					
CF	0.096***	0.048***	0.167***	-0.036***	-0.014	0.017	0.230***	-0.082***	-0.066***	-0.052***	0.165***	-0.020*	1				
TC	-0.068***	0.022**	-0.119***	0.103***	0.168***	0.160***	-0.158***	-0.027**	0.237***	0.032***	0.066***	0.018	0.014	1			
Share	0.003	0.075***	0.085***	-0.204***	0.240***	0.247***	0.057***	-0.009	0.058***	-0.004	-0.0120	0.109***	0.043***	0.022**	1		
Inp	0.132***	-0.0130	0.107***	-0.152***	-0.292***	-0.071***	0.138***	0.003	-0.205***	-0.050***	0.100***	-0.180***	0.040***	-0.071***	-0.419***	1	
Indep	0.008	-0.044***	-0.011	-0.119***	-0.067***	0.012	-0.029***	0.021*	-0.020*	0.012	-0.019*	-0.011	-0.020*	-0.011	0.051***	0.004	1

注：*、**和***分别表示$p<0.1$、$p<0.05$和$p<0.01$，即在10%、5%和1%水平上显著。

6.3.3 多元回归分析

(1) 基于企业产品市场地位的调节效应检验结果与分析

利用样本数据对模型(6-1)的检验结果见表6-4。基于模型(6-1),第(1)列是全样本回归结果,加入了企业产品市场地位(Pcm)和CFO核心胜任能力(Competence)的交乘项,结果显示,CFO核心胜任能力(Competence)的回归系数为-0.00751,在1%的水平上显著为负;交乘项Competence×Pcm的回归系数为-0.0550,在5%的水平上显著负相关,与预期一致。第(2)列和第(3)列是分组样本回归结果,在第(2)列,CFO核心胜任能力(Competence)的回归系数为-0.0104,在1%的水平上显著为负;交乘项Competence×Pcm的回归系数为-0.0450,在10%的水平上显著负相关,基于假设6-1的预期,相比Pcm=0组,Pcm=1组样本的CFO核心胜任能力对其财务弹性负向影响显著,而在Pcm=0组不显著,即当企业产品市场地位较高时,CFO核心胜任能力使企业具有更高的外部融资能力,降低了企业财务弹性水平,弱化了企业通过持有现金获得财务弹性,从而本书的研究假设6-1得到了验证。

表6-4 **产品市场地位的检验结果**

变量	财务弹性 (1) 全样本	财务弹性 (2) Pcm=1	财务弹性 (3) Pcm=0
Competence	-0.00751***	-0.0104***	-0.00430
	(-2.84)	(-2.74)	(-1.31)
Pcm	-0.0116	0.179***	-0.141***
	(-0.49)	(6.16)	(-6.34)
Competence×Pcm	-0.0550**	-0.0450*	-0.0446
	(-2.08)	(-1.71)	(-1.02)
Size	-0.0134***	-0.0142***	-0.0107***
	(-7.56)	(-5.52)	(-4.57)
ROA	0.377***	0.252***	0.364***
	(7.13)	(3.32)	(7.30)
Growth	-0.00174	-0.000895	-0.00282
	(-0.78)	(-0.39)	(-0.97)

续表

变量	财务弹性 (1) 全样本	财务弹性 (2) Pcm=1	财务弹性 (3) Pcm=0
Lev	-0.469***	-0.547***	-0.397***
	(-39.80)	(-35.53)	(-31.12)
HEU	-0.000266**	-0.000179*	-0.000512***
	(-3.24)	(-1.90)	(-4.79)
Capex	-0.336***	-0.357***	-0.315***
	(-10.23)	(-7.77)	(-6.69)
Tang	0.267***	0.308***	0.245***
	(14.03)	(12.88)	(6.87)
CF	0.139***	0.198***	0.0800***
	(5.95)	(7.34)	(3.29)
TC	0.146***	0.134***	0.150***
	(8.89)	(5.44)	(6.60)
Share	0.000520***	0.000175	0.000880***
	(4.16)	(0.96)	(5.04)
Inp	0.00121***	0.00136***	0.000904***
	(8.03)	(6.36)	(4.56)
Indep	-0.00486	-0.0100	-0.0267
	(-0.16)	(-0.23)	(-0.64)
Industry	控制	控制	控制
Year	控制	控制	控制
Constant	0.235***	0.194***	0.181***
	(5.32)	(2.95)	(2.94)
R^2	0.367	0.427	0.328
Adjusted R^2	0.364	0.421	0.320
N	7 939	3 966	3 973

注：***、**和*分别表示在1%、5%和10%水平上显著；括号内为t值。

(2) 基于融资约束的中介效应检验结果与分析

为了探讨CFO核心胜任能力对财务弹性影响的传导路径，本书将融资约束纳入模型（6-2）中，检验融资约束是否在CFO核心胜任能力与财务弹性之间存在中介效应。表6-5为CFO核心胜任能力、融资约束与财务弹性的多元回归分析结果。

表6-5 CFO核心胜任能力、融资约束与财务弹性的多元回归分析结果

变量	(1) 财务弹性FF	(2) 融资约束FC	(3) 财务弹性FF
Competence	-0.0112***	-0.00336**	-0.0110***
	(-2.86)	(-2.04)	(-2.79)
FC			-0.0774***
			(-2.91)
Size	-0.0136***	-0.00717***	-0.0142***
	(-7.79)	(-9.80)	(-8.07)
ROA	0.330***	0.0989***	0.337***
	(9.55)	(6.83)	(9.75)
Growth	-0.00159	0.000351	-0.00156
	(-0.89)	(0.47)	(-0.88)
Lev	-0.478***	0.0442***	-0.475***
	(-48.45)	(10.68)	(-47.79)
HEU	-0.000185***	0.000142***	-0.000174**
	(-2.62)	(4.80)	(-2.47)
Capex	-0.338***	-0.101***	-0.346***
	(-10.23)	(-7.27)	(-10.43)
Tang	0.276***	-0.00205	0.276***
	(14.03)	(-0.25)	(14.03)
CF	0.133***	-0.00455	0.133***
	(7.40)	(-0.60)	(7.38)
TC	0.149***	0.0457***	0.152***
	(8.93)	(6.53)	(9.12)
Share	0.000460***	-0.00123***	0.000365***
	(3.64)	(-23.13)	(2.80)
Inp	0.00112***	-0.00134***	0.00102***
	(7.69)	(-21.83)	(6.78)
Indep	-0.000667	-0.121***	-0.0100
	(-0.02)	(-9.56)	(-0.33)
Industry	控制	控制	控制
Year	控制	控制	控制
Constant	0.241***	1.543***	0.361***
	(5.51)	(83.99)	(6.01)
R^2	0.369	0.242	0.370
Adjusted R^2	0.366	0.238	0.367
F值	117.249	63.809	114.702
N	8 052	8 052	8 052

注：***、**和*分别表示在1%、5%和10%水平上显著；括号内为异方差调整后（Robust）的t值。

表6-5参考Freedman等（1992）、MacKinnon等（2002）、温忠麟等（2004）中介效应检验方法，进行了中介效应检验，具体步骤如下：第一步用CFO核心胜任能力与财务弹性进行回归分析，第二步用CFO核心胜任能力对融资约束进行回归分析，第三步用融资约束对CFO核心胜任能力与财务弹性进行回归分析。第（1）列为模型（5-1）的相关回归结果，第（2）列和第（3）列为模型（6-2）和模型（6-3）的多变量回归结果。

表6-5的结果表明，在第（1）列中，在控制了相关变量后，CFO核心胜任能力（Competence）与财务弹性在1%的水平上呈显著的负相关关系（t=-2.86），其回归系数为-0.0112，所有F值均已通过检验，整个方程的拟合优度R^2=0.369，表明CFO核心胜任能力越强，越能降低企业的财务弹性水平；在第（2）列中，在控制了相关变量后，CFO核心胜任能力（Competence）与融资约束在5%的水平上呈显著的负相关关系（t=-2.04），其回归系数为-0.00336，所有F值均已通过检验，整个方程的拟合优度R^2=0.242，说明CFO核心胜任能力越强，越能缓解企业的融资约束，这与大部分学者的研究一致；在第（3）列中，在控制了相关变量后，在CFO核心胜任能力对企业财务弹性的影响中加入融资约束的影响后，CFO核心胜任能力与企业财务弹性在1%的水平上呈显著的负相关关系，CFO核心胜任能力（Competence）的系数从-0.0112变为-0.0110。所有F值均已通过检验，整个方程的拟合优度R^2=0.370，相比第（1）列中R^2=0.369略有提高。融资约束FC的估计系数为-0.0774，在1%的水平上显著为负，说明融资约束对CFO核心胜任能力与财务弹性起到部分中介作用，即CFO核心胜任能力对财务弹性的影响只有一部分是通过中介变量融资约束实现的。回归结果验证了本书的研究假设。

为了进一步探讨融资约束在CFO核心胜任能力与财务弹性之间起到的中介效应，本书借鉴Baron和Kenny（1986）的研究方法，接下来进行了Sobel检验。Sobel检验主要检验模型（6-2）和模型（6-3）的ΔDebt乘积项的系数是否显著。若Z值的绝对值大于0.97，则表明中介效应在5%的水平上显著；反之，则中介效应不显著。Sobel检验计算结果见表6-6，从中可以看出，Sobel检验Z值的统计结果为-3.388，且在1%的水平上显著为负，表明中介效应存在。因此，可以说明融资约束在CFO核心胜任能力与企业财务弹性之间有部分中介效应，即CFO核心胜任能力通过缓解融资约束进而影响企业财务弹性，即本书的结果支持了“CFO核心胜任能力→融资约束→企业财务弹性”这条路径。

表6-6 **Sobel检验计算结果**

变量	融资约束FC	
	Coef	Z
Indirect effect	-0.0004	-1.718*
Direct effect	-0.0483	-3.322***
Total effect	-0.0487	-3.388***

注：Indirect effect表示CFO核心胜任能力通过融资约束对财务弹性产生的影响，Direct effect表示CFO核心胜任能力直接对企业财务弹性产生的影响，Total effect是二者相加的和。Indirect effect除以Total effect，则表示融资约束在CFO核心胜任能力对企业财务弹性影响中起到的中介作用的大小。

6.4 进一步分析

6.4.1 产品市场地位影响机制

产品市场地位高的优势主要表现在当发生价格战或营销战时企业的财务承受能力强，利润和现金流不易下降，以使后续投资能力持续增强。一方面，债务可以通过利息费用给企业带来税收抵减作用，往往采取缩减投资规模等方式增加企业当前的现金流；而现金充裕的企业可以趁机挑起价格战或营销战，更为迅速且低成本地抢占市场，占有更多的市场份额，挤压竞争对手的利润，甚至使其退出市场。另一方面，当企业负债达到一定程度后，负债给企业带来了风险与压力，负债带来的财务困境成本和破产成本逐渐增加，增加企业未来的融资难度，不利于企业的后续投资。那么产品市场地位与CFO核心胜任能力影响财务弹性的现金弹性还是负债融资弹性呢?

从表6-7的检验结果可知，在第（2）列、第（4）列和第（6）列，CFO核心胜任能力（Competence）与负债融资弹性的回归系数分别为-0.00384、-0.00452、-0.00407，均在1%的水平上显著负相关，表明CFO核心胜任能力越强，企业的融资能力越强；CFO核心胜任能力与产品市场地位的交乘项Competence×Pcm对负债融资弹性的回归系数分别为-0.0381、-0.0475、-0.0435，均在1%的水平上显著负相关，而在第（1）列、第（3）列和第（5）列基本不显著，说明产品市场地位对企业负债融资弹性影响较大，调节了CFO核心胜任能力对负债融资弹性的负向影响，表明产品市场地位会影响到企业的融资能力，支持了假设6-1。

表6-7 **产品市场地位影响机制的检验结果**

变量	(1)	(2)	(3)	(4)	(5)	(6)
	现金弹性（等权平均）	负债融资弹性（等权平均）	现金弹性（流通市值加权）	负债融资弹性（流通市值加权）	现金弹性（总市值加权）	负债融资弹性（总市值加权）
Competence	-0.00366*	-0.00384***	-0.00357*	-0.00452***	-0.00375*	-0.00407***
	(-1.86)	(-2.73)	(-1.78)	(-2.95)	(-1.87)	(-2.72)
Pcm	-0.0143	0.00272	-0.0219	0.000515	-0.0200	0.000245
	(-0.83)	(0.22)	(-1.27)	(0.04)	(-1.18)	(0.02)
Competence×Pcm	-0.0169	-0.0381***	-0.0360*	-0.0475***	-0.0335	-0.0435***
	(-0.80)	(-3.00)	(-1.70)	(-3.44)	(-1.59)	(-3.24)
Size	-0.0047***	-0.00869***	-0.00492***	-0.0139***	-0.00456***	-0.0126***
	(-3.58)	(-8.86)	(-3.72)	(-13.50)	(-3.45)	(-12.80)
ROA	0.3170***	0.0600**	0.3080***	0.0788***	0.3070***	0.0668**
	(8.08)	(2.08)	(7.91)	(2.76)	(7.89)	(2.39)
Growth	0.00173	-0.00347***	0.00218	-0.00427***	0.00218	-0.00435***
	(1.02)	(-3.13)	(1.27)	(-3.43)	(1.27)	(-3.62)
Lev	-0.137***	-0.332***	-0.134***	-0.392***	-0.133***	-0.371***
	(-16.39)	(-49.68)	(-15.79)	(-56.03)	(-15.64)	(-54.62)

续表

变量	(1)	(2)	(3)	(4)	(5)	(6)
	现金弹性（等权平均）	负债融资弹性（等权平均）	现金弹性（流通市值加权）	负债融资弹性（流通市值加权）	现金弹性（总市值加权）	负债融资弹性（总市值加权）
HEU	-0.0000397	-0.000226***	-0.0000420	-0.000296***	-0.0000349	-0.000269***
	(-0.65)	(-4.49)	(-0.72)	(-5.37)	(-0.60)	(-5.08)
Capex	-0.2490***	-0.0877***	-0.2590***	-0.0798***	-0.2505***	-0.0785***
	(-9.68)	(-5.01)	(-9.76)	(-4.01)	(-9.61)	(-4.12)
Tang	0.2370***	0.0306**	0.2570***	0.0463***	0.2530***	0.0447***
	(17.54)	(2.54)	(18.42)	(3.90)	(18.26)	(3.84)
CF	0.1050***	0.0345***	0.1040***	0.0365***	0.1040***	0.0382***
	(4.57)	(3.07)	(4.44)	(2.86)	(4.39)	(3.20)
TC	0.1310***	0.0149*	0.1310***	-0.00288	0.1380***	0.00234
	(10.08)	(1.78)	(9.93)	(-0.32)	(10.47)	(0.27)
Share	0.000478***	0.0000416	0.000518***	0.0000435	0.000525***	-0.0000102
	(5.20)	(0.60)	(5.51)	(0.58)	(5.60)	(-0.14)
Inp	0.00103***	0.000181**	0.00114***	0.00040***	0.00110***	0.000287***
	(9.22)	(2.21)	(9.93)	(4.56)	(9.72)	(3.37)
Indep	-0.00827	0.00342	0.00599	0.0151	-0.00435	0.0150
	(-0.38)	(0.21)	(0.27)	(0.84)	(-0.19)	(0.87)
Industry	控制	控制	控制	控制	控制	控制
Year	控制	控制	控制	控制	控制	控制
Constant	-0.125***	0.359***	-0.122***	0.476***	-0.137***	0.436***
	(-3.93)	(14.06)	(-3.82)	(18.46)	(-4.31)	(17.56)
R^2	0.157	0.464	0.163	0.529	0.160	0.511
Adjusted R^2	0.152	0.461	0.158	0.526	0.155	0.508
N	7 939	7 939	7 939	7 939	7 939	7 939

注：***、**和*分别表示在1%、5%和10%水平上显著；括号内为经过公司聚类（Cluster）调整后的t值。

6.4.2 融资来源渠道

前文中已经介绍CFO核心胜任能力越强越能缓解企业的融资约束，增强了信贷资源的可得性，降低企业财务弹性水平，为了验证作用路径，借鉴徐思等（2019）的做法，本书以企业获得的银行贷款增量ΔDebt以及外部融资增量ΔExf作为因变量，构建模型（6-4）和模型（6-5）做进一步检验。

$$\Delta Debt_{i,t} = \beta_0 + \beta_1 Competence_{i,t} + \beta_i Control_{i,t} + \sum Industry + \sum Year + e_{i,t} \quad (6-4)$$

$$\Delta Exf_{i,t} = \beta_0 + \beta_1 Competence_{i,t} + \beta_i Control_{i,t} + \sum Industry + \sum Year + e_{i,t} \quad (6-5)$$

在模型（6-4）和模型（6-5）中，衡量的是企业内部、外部融资增量的变化。参考黎来芳等（2018）的方法，$\Delta Debt_{i,t}$使用企业获得的银行贷款与营业总收入的比值的增量来衡量，其中，企业银行贷款指标为企业的短期贷款和长期贷款之和。参考李涛和黄晓蓓（2008）的方法，$\Delta Exf_{i,t}$使用外部融资与营业总收入的比值的增量来衡量。其中，外部融资指标使用企业取得借款所收到的现金、吸收权益性投资所收到的现金以及发行债券所收到的现金三者的总和来衡量。

在控制变量方面，引入产权性质（Soe）、公司规模（Size）、资产负债率（Lev）、公司成长性（Growth）、总资产收益率（ROE）、上市公司年龄（Age）、董事会独立性（Indep）等变量。最后，为了控制时间因素和行业差异的影响，在模型中加入年度虚拟变量（Year）和行业控制变量（Industry）。

表6-8列示了模型（6-4）和模型（6-5）的检验结果，结果表明，无论是第（1）列中的银行贷款增量ΔDebt，还是第（2）列中的外部融资增量ΔExf都显著为正，说明CFO核心胜任能力越强的企业通过扩大融资来源方式缓解了企业的融资约束，提供了一定的实证证据。

表6-8 CFO核心胜任能力与融资来源渠道的回归结果

变量	(1) 银行贷款增量ΔDebt	(2) 外部融资增量ΔExf
Competence	0.00737***	0.0438**
	(2.75)	(2.49)
Size	−0.00797***	−0.0149*
	(−6.82)	(−1.93)
Soe	−0.00332	0.0130
	(−1.25)	(0.75)
ROE	−0.00653***	−0.0111
	(−4.53)	(−1.21)
Growth	−0.00446***	0.00859
	(−3.78)	(1.12)
Lev	0.457***	0.0280
	(72.69)	(0.68)
Age	−0.000316	−0.00240
	(−1.39)	(−1.61)
Tang	−0.0516***	−0.182**
	(−3.76)	(−2.03)
CF	−0.0976***	1.439***
	(−8.32)	(18.78)
Inp	−0.000112	−0.000401
	(−1.22)	(−0.67)
Indep	0.0327	−0.116
	(1.60)	(−0.87)
Industry	控制	控制
Year	控制	控制
Constant	0.270***	0.395**
	(8.88)	(1.97)
R^2	0.517	0.365
Adjusted R^2	0.514	0.360
F值	197.195	102.019
N	7 040	6 570

6.5 稳健性检验

6.5.1 产品市场地位度量指标的替换

为了解决变量度量偏差的问题，确保本书研究结论的稳健性，本书还同时借鉴Datta等（2011）、黄枫等（2013）的研究设计，以营业收入毛利率（1-主营业务成本/主营业务收入）作为产品市场地位的度量指标。引入哑变量Pcm_dum，界定滞后一期的营业收入毛利率高于同期行业年度中位数时，取值为1，表示企业产品市场地位较高；反之取0，表示企业产品市场地位较低。

表6-9描述了产品市场地位对CFO核心胜任能力与财务弹性影响的稳健性检验结果。其中，第（1）列为全样本回归结果，第（2）列和第（3）列为行业年度中位数调整产生的分组回归结果。在第（1）列，CFO核心胜任能力（Competence）的回归系数为-0.00697，在1%的水平上显著负相关，交乘项Competence×Pcm的回归系数为-0.0213，在5%的水平上显著负相关，回归结果基本保持稳定，表明在CFO核心胜任能力影响企业财务弹性的过程中，企业的产品市场地位具有重要的调节作用。在第（2）列，CFO核心胜任能力（Competence）的回归系数为-0.0105，在1%的水平上显著为负；交乘项Competence×Pcm的回归系数为-0.0315，在1%的水平上显著负相关，相比Pcm=0组，Pcm=1组样本的CFO核心胜任能力对其财务弹性负向影响显著，而在Pcm=0组不显著，相比产品市场地位较低的企业，产品市场地位较高的企业CFO核心胜任能力对财务弹性的负向影响更显著。检验结果与前文所得结论基本一致，进一步证实了前文结论具有较好的稳健性。

6.5.2 融资约束度量指标的替换

由于前述融资约束指标计量依赖于具有内生性的财务指标，可能与融资约束指标不产生直接关联，或许会发生度量偏误问题，为避免该不足，借鉴卢盛峰和陈思霞（2017）、徐思等（2019）的衡量方法，参照

表6-9 产品市场地位对CFO核心胜任能力与财务弹性影响的稳健性检验结果

变量	财务弹性	财务弹性	财务弹性
	(1)	(2)	(3)
	全样本	Pcm=1	Pcm=0
Competence	-0.00697***	-0.0105***	-0.00409
	(-2.72)	(-2.64)	(-1.26)
Pcm	0.0238**	0.00374	-0.0619**
	(2.45)	(0.25)	(-2.48)
Competence×Pcm	-0.0213**	-0.0315***	0.0666***
	(-2.17)	(-2.59)	(2.65)
Size	-0.0138***	-0.0132***	-0.0134***
	(-7.76)	(-4.79)	(-6.12)
ROA	0.315***	0.436***	0.242***
	(7.87)	(7.36)	(5.61)
Growth	-0.00136	-0.000366	0.000709
	(-0.60)	(-0.15)	(0.27)
Lev	-0.480***	-0.611***	-0.375***
	(-40.76)	(-38.38)	(-30.76)
HEU	-0.000352***	-0.000413***	-0.000342**
	(-3.78)	(-3.49)	(-2.46)
Capex	-0.336***	-0.304***	-0.327***
	(-10.40)	(-6.09)	(-7.75)
Tang	0.283***	0.260***	0.283***
	(14.93)	(10.24)	(9.00)
CF	0.133***	0.156***	0.0976***
	(5.78)	(5.75)	(4.12)
TC	0.162***	0.183***	0.122***
	(9.77)	(6.59)	(5.97)
Share	0.000494***	0.000548***	0.000479***
	(3.95)	(2.87)	(2.97)
Inp	0.00113***	0.00164***	0.000496***
	(7.57)	(7.53)	(2.64)
Indep	-0.00346	0.0277	-0.0653*
	(-0.12)	(0.62)	(-1.66)
Industry	控制	控制	控制
Year	控制	控制	控制
Constant	0.236***	0.228***	0.255***
	(5.32)	(3.28)	(4.49)
R^2	0.376	0.431	0.315
Adjusted R^2	0.373	0.426	0.308
F值	80.496	74.515	45.272
N	7 944	3 970	3 974

注：***、**和*分别表示在1%、5%和10%水平上显著；括号内为t值。

Hadlock和Pierce（2010）的方法，使用公司规模和上市公司年龄两个外生性变量来刻画融资约束，构建公式如下：$SA = -0.737 \times Size + 0.043 \times Size^2 - 0.040 \times Age$，用此公式计算SA指数，其中，Size为公司总资产的自然对数，Age为上市公司年龄。SA指数如为负数，则SA指数越大表示企业面临的融资约束程度越大。

融资约束对CFO核心胜任能力与财务弹性影响的稳健性检验结果见表6-10。从表中可以看出，在第（1）列中，在控制了相关变量后，CFO核心胜任能力（Competence）与财务弹性在1%的水平上呈显著的负相关关系（t=-2.68），其回归系数为-0.0110，整个方程的拟合优度R^2=0.368，表明CFO核心胜任能力越强，越能降低企业的财务弹性水平；在第（2）列中，CFO核心胜任能力（Competence）与融资约束在1%的水平上呈显著的负相关关系（t=-2.33），其回归系数为-0.0134，整个方程的拟合优度R^2=0.241。CFO核心胜任能力（Competence）的估计系数为-0.0134，在1%的水平上显著为负，说明CFO核心胜任能力越强，越能缓解企业的融资约束；在第（3）列中，在控制了相关变量后，在CFO核心胜任能力对企业财务弹性的影响中加入融资约束的影响后，CFO核心胜任能力与企业财务弹性在1%的水平上呈显著的负相关关系，CFO核心胜任能力（Competence）的系数从-0.0110变为-0.0107。整个方程的拟合优度R^2=0.370，相比第（1）列R^2=0.368略有提高。融资约束（FC）的估计系数为0.0241，在1%的水平上显著为正，说明融资约束对CFO核心胜任能力与财务弹性起到部分中介作用，回归结果再一次验证了本书的假设预期。

6.5.3 财务弹性指标的中位数调整

由于弹性判定阈值的客观性问题，不同的判定阈值选择，代表着不同的财务弹性企业子样本，可能会导致不同的研究结果。借鉴陈红兵和连玉君（2013）、刘志远等（2013）、崔也光和由晓玮（2019）的做法，用年度中位数和行业中位数，界定财务弹性为虚拟变量，对模型进行回归检验。具体地，结合企业财务弹性指标，以财务弹性指标中位数为基准值，将企业划分为财务弹性企业和非财务弹性企业。

表6-10 融资约束对CFO核心胜任能力与财务弹性影响的稳健性检验

变量	(1) 财务弹性FF	(2) 融资约束FC	(3) 财务弹性FF
Competence	-0.0110***	-0.0134**	-0.0107***
	(-2.68)	(-2.33)	(-2.66)
FC			-0.0241***
			(-3.21)
Size	-0.0136***	0.0225***	-0.0141***
	(-7.65)	(6.47)	(-7.85)
ROA	0.329***	-0.358***	0.338***
	(8.26)	(-6.86)	(8.44)
Growth	-0.00155	-0.00118	-0.00156
	(-0.70)	(-0.46)	(-0.71)
Lev	-0.478***	-0.151***	-0.474***
	(-40.64)	(-9.40)	(-39.89)
HEU	-0.000183**	-0.000524***	-0.000172*
	(-2.02)	(-5.51)	(-1.90)
Capex	-0.315***	0.392***	-0.346***
	(-9.51)	(7.52)	(-10.68)
Tang	0.276***	-0.00695	0.276***
	(14.58)	(-0.24)	(14.60)
CF	0.133***	0.0237	0.133***
	(5.64)	(0.87)	(5.80)
TC	0.148***	-0.182***	0.153***
	(9.02)	(-7.55)	(9.29)
Share	0.000463***	0.00444***	0.000353***
	(3.68)	(22.44)	(2.69)
Inp	0.00111***	0.00486***	0.00100***
	(7.43)	(22.00)	(6.39)
Indep	-0.00199	0.418***	-0.0107
	(-0.07)	(8.11)	(-0.36)
Industry	控制	控制	控制
Year	控制	控制	控制
Constant	0.236***	-4.461***	0.349***
	(5.38)	(-51.42)	(6.13)
R^2	0.368	0.241	0.370
Adjusted R^2	0.365	0.237	0.367
N	8 052	8 052	8 052

注：***、**和*分别表示在1%、5%和10%水平上显著；括号内为异方差调整后(Robust)的t值。

表6-11报告了分样本下融资约束对CFO核心胜任能力与财务弹性影响的回归结果。其中，第（1）列、第（3）列和第（5）列为财务弹性企业，第（2）列、第（4）列和第（6）列为非财务弹性企业。由检验结果可知，CFO核心胜任能力对财务弹性的影响在财务弹性企业较显著，根据财务弹性的三种度量方式，CFO核心胜任能力（Competence）的回归系数分别为-0.0182、-0.0211和-0.0197，均在1%的水平上显著负相关，而对于非财务弹性企业，均不再显著。结果表明，CFO核心胜任能力对财务弹性呈现显著的负向影响。这也再次验证了本书假设6-1。

表6-11　**分样本下融资约束对CFO核心胜任能力与财务弹性影响的回归结果**

变量	(1) 财务弹性企业	(2) 非财务弹性企业	(3) 财务弹性企业	(4) 非财务弹性企业	(5) 财务弹性企业	(6) 非财务弹性企业
	财务弹性 （等权平均）	财务弹性 （等权平均）	财务弹性 （流通市值加权）	财务弹性 （流通市值加权）	财务弹性 （总市值加权）	财务弹性 （总市值加权）
Competence	-0.0182***	0.00120	-0.0211***	-0.000759	-0.0197***	-0.00129
	(-3.40)	(0.62)	(-3.79)	(-0.30)	(-3.58)	(-0.54)
FC	0.000785	0.00194	0.00831	0.0178***	0.00244	0.0117***
	(0.08)	(0.52)	(0.78)	(3.76)	(0.23)	(2.60)
Size	-0.0150***	0.00216**	-0.0237***	0.000173	-0.0221***	0.00157
	(-5.90)	(2.49)	(-8.93)	(0.16)	(-8.43)	(1.48)
ROA	0.267***	0.0747***	0.245***	0.0660***	0.229***	0.0673***
	(5.31)	(4.52)	(4.66)	(3.12)	(4.42)	(3.33)
Growth	0.00154	0.000268	0.00128	-0.000134	0.000675	0.000227
	(0.63)	(0.31)	(0.50)	(-0.12)	(0.27)	(0.21)
Lev	-0.414***	-0.0325***	-0.464***	-0.0766***	-0.445***	-0.0562***
	(-27.91)	(-6.08)	(-29.92)	(-11.19)	(-29.10)	(-8.61)
HEU	-0.0000297	-0.0000498	-0.000105	-0.0000601	-0.0000812	-0.0000344
	(-0.33)	(-1.31)	(-1.13)	(-1.23)	(-0.88)	(-0.74)
Capex	-0.361***	-0.0867***	-0.353***	-0.0996***	-0.349***	-0.0905***
	(-7.40)	(-5.64)	(-6.92)	(-5.05)	(-6.94)	(-4.82)

续表

变量	(1) 财务弹性企业	(2) 非财务弹性企业	(3) 财务弹性企业	(4) 非财务弹性企业	(5) 财务弹性企业	(6) 非财务弹性企业
	财务弹性（等权平均）	财务弹性（等权平均）	财务弹性（流通市值加权）	财务弹性（流通市值加权）	财务弹性（总市值加权）	财务弹性（总市值加权）
Tang	0.313***	0.0196**	0.357***	0.0490***	0.350***	0.0440***
	(11.26)	(2.05)	(12.29)	(4.00)	(12.24)	(3.77)
CF	0.0832**	0.0278**	0.0869**	0.0194	0.0889**	0.0222*
	(3.17)	(3.29)	(3.16)	(1.79)	(3.29)	(2.15)
TC	0.135***	0.0519***	0.112***	0.0420***	0.118***	0.0571***
	(5.67)	(6.51)	(4.48)	(4.12)	(4.82)	(5.86)
Share	0.000531***	-0.0000203	0.000619***	-0.000112	0.000501***	-0.0000601
	(2.93)	(-0.32)	(3.27)	(-1.36)	(2.69)	(-0.77)
Inp	0.000971***	0.0000702	0.00126***	0.000144	0.00108***	0.000150
	(4.74)	(0.92)	(5.88)	(1.47)	(5.11)	(1.61)
Indep	-0.0527	-0.0381**	-0.0263	-0.0418**	-0.0343	-0.0437**
	(-1.28)	(-2.54)	(-0.61)	(-2.18)	(-0.81)	(-2.39)
Soe	-0.0164***	-0.00348*	-0.0245***	-0.00347	-0.0205***	-0.00257
	(-2.97)	(-1.84)	(-4.25)	(-1.43)	(-3.61)	(-1.11)
Industry	控制	控制	控制	控制	控制	控制
Year	控制	控制	控制	控制	控制	控制
Constant	0.318***	-0.114***	0.521***	0.0211	0.445***	-0.0621
	(4.16)	(-4.10)	(6.52)	(0.59)	(5.64)	(-1.82)
R^2	0.310	0.205	0.380	0.133	0.353	0.164
Adjusted R^2	0.303	0.197	0.374	0.124	0.346	0.155
F值	44.81	25.09	61.05	14.91	54.29	19.06
N	4 023	4 029	4 023	4 029	4 023	4 029

注：***、**和*分别表示在1%、5%和10%水平上显著；括号内为经过公司聚类（Cluster）调整后的t值。

6.5.4 解释变量作滞后一期调整

为了克服由于选择偏误带来的内生性问题，重新对设定模型进行稳健性测试。表6-12和表6-13是具体的稳健性检验结果。

表6-12 **滞后一期产品市场地位对CFO核心胜任能力与财务弹性影响的检验结果**

变量	财务弹性（等权平均）	财务弹性（流通市值加权）	财务弹性（总市值加权）
	(1)	(2)	(3)
Competence	-0.00551*	-0.00429*	-0.00405*
	(-1.98)	(-1.71)	(-1.68)
Pcm	0.0740	0.126**	0.119**
	(1.53)	(2.45)	(2.36)
Competence×Pcm	-0.0640*	-0.116***	-0.110***
	(-1.82)	(-3.10)	(-2.97)
Size	-0.0147***	-0.0191***	-0.0180***
	(-7.19)	(-8.77)	(-8.40)
ROA	0.316***	0.308***	0.303***
	(5.94)	(5.43)	(5.42)
Growth	-0.00162	-0.00246*	-0.00253
	(-0.75)	(-1.06)	(-1.11)
Lev	-0.372***	-0.419***	-0.403***
	(-32.07)	(-33.89)	(-33.05)
HEU	-0.000188**	-0.000246***	-0.000217**
	(-2.15)	(-2.64)	(-2.36)
Capex	-0.352***	-0.378***	-0.375***
	(-9.39)	(-9.46)	(-9.52)
Tang	0.243***	0.277***	0.276***
	(9.61)	(10.28)	(10.38)
CF	0.146***	0.146***	0.144***
	(6.92)	(6.50)	(6.50)

续表

变量	财务弹性（等权平均）	财务弹性（流通市值加权）	财务弹性（总市值加权）
	(1)	(2)	(3)
TC	0.132***	0.126***	0.135***
	(6.95)	(6.22)	(6.78)
Share	0.000424***	0.000445***	0.000419***
	(2.95)	(2.90)	(2.78)
Inp	0.000885***	0.00115***	0.00105***
	(5.30)	(6.45)	(5.98)
Indep	0.0103	0.0377	0.0255
	(0.30)	(1.02)	(0.70)
Industry	控制	控制	控制
Year	控制	控制	控制
Constant	0.231***	0.345***	0.297***
	(4.46)	(6.24)	(5.46)
R^2	0.301	0.323	0.314
Adjusted R^2	0.296	0.318	0.310
F值	62.867	69.724	67.030
N	5 745	5 745	5 745

注：***、**和*分别表示在1%、5%和10%水平上显著；括号内为t值。

（1）产品市场地位

表6-12的结果显示，CFO核心胜任能力（Competence）对财务弹性的等权平均、流通市值加权、总市值加权等三种计算方法的估计系数分别为-0.00551、-0.00429和-0.00405，均在10%的水平上显著为负，表明CFO核心胜任能力对财务弹性呈负相关关系。CFO核心胜任能力与产品市场地位的交乘项Competence×Pcm的估计系数分别为-0.0640、-0.116和-0.110，分别在10%、1%和1%的水平上显著为负，产品市场地位（Pcm）估计系数基本在5%的水平上显著。因此，在考虑了内生性问题后，本书所得结论仍具有稳定性。

（2）融资约束

表6-13的结果显示，加入融资约束中介效应后，CFO核心胜任能力（Competence）对财务弹性的等权平均、流通市值加权、总市值加权等三种计算方法的估计系数分别为-0.00950、-0.0108和-0.0107，均在1%的水平上显著为负，表明CFO核心胜任能力对财务弹性呈负相关关系。融资约束（FC）的估计系数分别为-0.0419、-0.0815和-0.0607，分别在10%、5%和10%的水平上显著为负。因此，在考虑了内生性问题后，本书所得结论仍具有稳定性。

表6-13 滞后一期融资约束对CFO核心胜任能力与财务弹性影响的检验结果

变量	财务弹性（等权平均）	财务弹性（流通市值加权）	财务弹性（总市值加权）
	(1)	(2)	(3)
Competence	-0.00950***	-0.0108***	-0.0107***
	(-3.33)	(-3.55)	(-3.57)
FC	-0.0419*	-0.0815**	-0.0607*
	(-1.67)	(-2.56)	(-1.94)
Size	-0.0156***	-0.0205***	-0.0192***
	(-7.76)	(-9.73)	(-9.24)
ROA	0.318***	0.298***	0.291***
	(6.32)	(5.65)	(5.57)
Growth	-0.000852	-0.00174	-0.00178
	(-0.35)	(-0.66)	(-0.69)
Lev	-0.377***	-0.422***	-0.407***
	(-28.88)	(-30.68)	(-29.90)
HEU	-0.000120	-0.000177	-0.000150
	(-1.07)	(-1.59)	(-1.36)
Capex	-0.353***	-0.384***	-0.379***
	(-9.23)	(-9.48)	(-9.45)

续表

变量	财务弹性（等权平均）	财务弹性（流通市值加权）	财务弹性（总市值加权）
	(1)	(2)	(3)
Tang	0.251***	0.286***	0.285***
	(10.50)	(11.08)	(11.13)
CF	0.139***	0.138***	0.136***
	(4.80)	(4.62)	(4.52)
TC	0.140***	0.139***	0.147***
	(7.25)	(6.71)	(7.19)
Share	0.000285*	0.000253	0.000251
	(1.94)	(1.60)	(1.61)
Inp	0.000750***	0.000940***	0.000874***
	(4.22)	(4.97)	(4.70)
Indep	−0.00140	0.0185	0.00949
	(−0.04)	(0.49)	(0.26)
Industry	控制	控制	控制
Year	控制	控制	控制
Constant	0.310***	0.494***	0.412***
	(4.31)	(6.52)	(5.52)
R^2	0.305	0.326	0.318
Adjusted R^2	0.300	0.322	0.313
F值	53.086	58.384	55.733
N	5 815	5 815	5 815

注：***、**和*分别表示在1%、5%和10%水平上显著；括号内为t值。

6.6 本章小结

本章利用上市公司的样本数据，通过检验企业截面特征差异（产品市场地位和融资约束）是否影响CFO核心胜任能力与财务弹性之间的关系。结果发现，产品市场地位（Pcm）在CFO核心胜任能力与财务弹性之间发挥着调节效应；融资约束（FC）在CFO核心胜任能力与财务弹性之间发挥着中介传导效应。

第一，在提出研究假设以及构建CFO核心胜任能力、产品市场地位与财务弹性模型的基础上，依照调节效应的检验程序进行了实证检验。结果显示，CFO核心胜任能力（Competence）的回归系数为-0.00751，在1%的水平上显著为负；交乘项Competence×Pcm的回归系数为-0.0550，在5%的水平上显著负相关，与预期一致。相比Pcm=0组，Pcm=1组样本的CFO核心胜任能力对财务弹性负向影响显著，而在Pcm=0组不显著，即当企业的产品市场地位较高时，CFO核心胜任能力具有更高的外部融资能力，降低了企业储备财务弹性水平，弱化了企业通过持有现金获得财务弹性。而且，产品市场地位更多影响的是企业的负债融资弹性。

第二，在提出研究假设以及构建CFO核心胜任能力、融资约束与财务弹性模型的基础上，依照中介变量的检验程序进行了实证检验。结果表明，自变量CFO核心胜任能力与因变量财务弹性、自变量CFO核心胜任能力与中介变量融资约束呈显著的负相关关系。在引入融资约束后CFO核心胜任能力与财务弹性依然呈显著相关关系，CFO核心胜任能力的相关系数绝对值下降的t检验值显著，这一结果支持了本书提出的融资约束是中介变量的假设6-2，即CFO核心胜任能力与融资约束都是财务弹性的影响因素，融资约束作为中介变量影响企业财务弹性。根据温忠麟等（2004）的研究，本书计算了中介效应在总效应中的比例，其中融资约束的中介效应的大小为-0.0110-（-0.0107）=-0.0003，中介效应与总效应之比为-0.0003/-0.0110=0.0273，即作为部分中介变量的融资约束，其传导效应贡献度为2.73%。

本章的研究价值主要体现在：第一，分析了产品市场地位对CFO核心胜任能力与财务弹性的影响，丰富了关于财务弹性的影响相关文献。第二，基于融资约束视角，分析了融资约束对CFO核心胜任能力与财务弹性的影响，指出融资约束发挥的中介传导作用，从而丰富了CFO核心胜任能力与财务弹性关系研究的相关文献。第三，有助于我们更好地从产品市场和资本市场角度理解企业财务弹性决策发挥经济效应的实现路径和外部条件。

7 CFO核心胜任能力对财务弹性决策经济后果的影响研究

财务弹性决策能够帮助企业及时应对环境不确定性所带来的风险。纵观目前对财务弹性决策的经济后果的研究，主要从宏观经济环境、企业特征、公司治理、银企关联、政企关联等视角进行研究。一方面，产品市场竞争状况对企业财务政策具有深远影响得到广泛认可，从产品市场竞争角度研究财务弹性决策经济后果较少，而企业通过储备财务弹性能够支持其在产品竞争市场上的表现，扩大市场份额。另一方面，从CFO核心胜任能力视角出发，研究企业财务弹性决策的经济后果问题，是一个重要而又被忽视的问题。前面通过分析财务弹性的本质属性，认识到较高的现金持有水平会增加现金的机会成本，而较低的负债水平会降低债务对企业的约束，进而增加企业的监督成本。企业在进行财务弹性决策时，应权衡债务风险与资金持有成本，以规避可能的财务风险和过高的融资成本，需要综合考察财务弹性决策给企业价值带来的影响，理论剖析目标财务弹性的存在性。

陆正飞和韩非池（2013）、叶康涛（2019）、任宏达和王琨（2019）

都认为企业做财务决策时需要重点考量资本市场和产品市场等两大市场环境。基于此，本章从CFO核心胜任能力视角出发，从资本市场和产品市场两个层面来研究对财务弹性决策经济后果的影响效应。其中，企业财务弹性决策的竞争效应是指企业通过储备一定的财务弹性能够获得竞争战略的灵活性，保持其在产品市场上的竞争地位；企业财务弹性决策的价值效应是指企业通过储备一定的财务弹性能够影响到企业价值。首先，从产品竞争市场角度出发，考察企业财务弹性的竞争效应以及CFO核心胜任能力对企业财务弹性决策竞争效应的影响。其次，从资本市场角度出发，考察企业财务弹性对企业价值的影响以及企业目标财务弹性的存在性。最后，考察CFO核心胜任能力对企业财务弹性决策价值效应的影响。

7.1 理论分析与研究假设

7.1.1 CFO核心胜任能力对财务弹性决策竞争效应影响

产品市场竞争具有宏观与微观联结效应，产品市场竞争更具有对微观企业的公司治理效应（杨兴全等，2015）。因此，将企业的资本结构与产品市场竞争联系起来，受到众多金融经济学家和产业经济学家的关注，包括财务杠杆对企业在产品市场竞争中的投资能力、产品定价行为和企业业绩的影响，以及行业特征和产品市场竞争结构对企业财务杠杆的影响。产业组织理论则关注公司的资本结构与其在产品市场竞争时所采用的战略之间的关系，认为企业所拥有的财务资源与企业行为相互作用，进而影响到企业在产品市场上的表现，并最终决定企业的市场竞争地位。财务弹性决策的竞争效应是指财务弹性对企业产品市场业绩的影响，通过储备合理的财务弹性来保持企业在产品市场上竞争战略的灵活性。

Brander和Lewis（1986）、朱武祥等（2002）研究了产品市场竞争与资本结构的互动关系，创立了产品市场竞争与微观企业研究基础，奠定了企业财务弹性决策竞争效应的研究。根据其理论，一种观点认为，企业债务融资能够获得战略效应，企业增加负债使其在产品市场上表现出战略扩张和攻击性。另一种观点认为，保持较低的负债能够降低企业的融资约束水平，有利于降低竞争对手的掠夺风险，从而使其能够抓住潜在的投资机会，促进企业自身成长，巩固其产品市场地位。但也有学者认为，企业保持低负债可能是由于其自身融资能力有限，而非自主选择的结果，而保持现金弹性才能使企业保持其产品市场竞争优势。根据Tesler（1966）提出的深口袋理论，在产品市场具有不确定的条件下，当企业负债融资受挫时，剩余举债能力才是企业在市场竞争中获胜的法宝和战略优势，负债融资能力是企业保持产品市场竞争优势的源泉。

从产品市场竞争效应来看，企业获取和保持合理的财务弹性水平，可以维持企业在产品市场竞争上战略的灵活性，可使企业实施更有利的产品市场竞争战略。第一，可以利用其财务资源充足的优势，采取抢占市场份额、市场掠夺定价等掠夺性行为，驱除市场中融资约束程度较严重的竞争者，有助于获得更高的市场份额，提升自身的产品市场业绩。第二，可以利用充裕的财务资源为企业进行并购重组、研发投入、市场营销、拓展新业务等战略决策提供资金上的支持。第三，企业保持一定的财务弹性还具有威慑作用，向外界传递一种积极的信号，向竞争者显示其稳健的财务状况，做出未来加大研发投入等竞争性策略的可置信承诺，以制约和威慑现有或潜在投资者，确保企业产品市场竞争地位。基于上述分析，本书提出如下假设：

假设7-1：企业财务弹性政策具有市场竞争效应，即企业储备财务弹性对企业的产品市场业绩产生显著的正向影响。

Frésard（2010）认为企业持有大量的现金储备有利于促进企业产品市场份额增长，尤其是面临融资约束的时候，支持其产品市场竞争能力，验证了现金持有的市场竞争效应。这一观点也陆续得到学者刘端等（2011）、孙进军和顾乃康（2012）、陆正飞和韩非池（2013）、杨兴全等（2015）的证据支持。

财务弹性市场竞争效应的作用机理可以从直接渠道与竞争对手渠道两方面体现。从直接渠道看，财务弹性高的企业一方面可以采取掠夺性定价，进而导致融资约束的竞争对手发生损失以及资金困难，最终退出市场，从而提高自己的市场份额；另一方面，有利于本身缓解融资约束，抓住投资机会，争取更高的市场份额。从竞争对手渠道看，财务弹性高的企业给竞争对手以威慑信号，影响竞争对手扩张决策和竞争行为，从而影响产品市场份额（刘志远等，2013）。Campello等（2010）研究发现，在美国次贷危机的影响下，企业投资支出的增加会给企业带来更好的产品市场业绩，竞争对手持有高于预期水平的现金向企业传递了可信的威慑信号。刘志远等（2013）研究认为，竞争对手现金持有具有威慑效应，对企业产品市场业绩产生负向影响，其中企业投资支出起到中介效应。CFO核心胜任能力较强的企业，公司治理效率和财务运筹效率较高，具备更强的外部融资能力，有利于缓解资金提供者与企业之间的资源无法有效配置和使用，对未来资金筹集风险评估较低，全面权衡资金储备成本和筹资风险，从而帮助企业以较低成本获得融资的可能性，会选择相对较低的超额现金持有。从储备较低的财务弹性水平转变为储备较高的财务弹性水平，则会强化企业财务弹性决策的市场竞争效应。因此，CFO核心胜任能力越强，越能改变财务弹性的市场竞争效应。基于上述分析，本书提出如下假设：

假设7-2：在财务弹性市场竞争效应的发挥过程中，CFO核心胜任能力强度具有显著的强化作用，即随着CFO核心胜任能力强度的增加，企业财务弹性决策的竞争效应呈现递增趋势。

7.1.2 CFO核心胜任能力对财务弹性决策价值效应影响

除了考察财务弹性对产品市场业绩的影响外，还需从资本市场角度出发，考虑财务弹性与资本市场的关联性，考察财务弹性决策对企业价值的影响。财务弹性决策对于企业价值的影响称为财务弹性决策的价值效应。复杂多变的动态环境和财务决策的不确定性导致业务风险也日益加剧，企业必须保持一定的财务弹性储备水平，以抵御环境不确定性带来的风险，保持企业资金的持续性，以便对不可预见的投资机会和可能的不利冲击做出灵活应对，避免陷入财务困境（张改清，2018）。韩鹏（2010）、王满等（2015）也认为企业财务弹性水平与企业价值呈显著的正相关关系，为了维持市场竞争优势，企业保持适度的财务弹性储备可以缓解融资约束、调节资本结构、优化资源配置，为企业带来价值上的增值。

企业通过超额现金持有或保留剩余举债能力，是企业潜在的可利用的自身价值资源，无论是应对外界环境的不利冲击，还是面对未来潜在有价值的投资机会时，其所发挥的预防和利用属性，体现出一种低成本筹资能力以及把握未来有利的投资机会创造价值的能力。一方面，当企业外部资本市场不完善，企业内部经营现金流不稳定时，融资渠道受阻，融资成本过高，使企业普遍面临融资约束。然而，商业环境的不确定性可能给企业带来潜在的投资机会。财务资源充足的公司可以灵活配置资源，利用储备的财务弹性，有效缓解企业面临的融资约束，从而提高企业的投资能力，减少外部环境的影响，促进公司成长，提升公司竞争力，对公司价值产生积极影响。另一方面，当一个公司遇到财务风险时，大多数缺乏财务弹性的公司都会面临资本流动性的生存危机，而具有财务弹性的公司则可以利用之前储备的财务弹性资源，在财务危机中得到缓冲。以低成本控制柔性资源，增加资金流动性，缓解财务危机对企业产品市场竞争的不利影响，获得比竞争对手更好的成长机会，增强企业的市场竞争力，提高企业的市场价值。基于以上分析，本书提出如下假设：

假设7-3a：企业通过储备适量的财务弹性能够显著提升企业价值。

中西方哲学思想讲究“适度原则”，古希腊哲学家亚里士多德主张“中道”，指出行“中道”需要保持理性精神；我国儒家思想也倡导“中庸之道”，讲求“允执其中”。他们的思想就是强调要把握事物的度，以达到一种合理状态，体现了“过犹不及”效应（too much of a good thing effect）[①]。

财务弹性对企业价值的影响如同一把“双刃剑”，不仅产生积极作用，也可能带来消极影响。一方面，财务弹性的储备能够为企业生存和发展的不确定性带来缓冲效应，提升企业抵御风险的能力。企业持有超额现金流和保留剩余举债能避免外部环境的冲击，缓解融资约束环境带

① “过犹不及”效应指一般被当作“积极”的前因变量，其“积极”作用存在临界点，即阈值（threshold）。达到这一临界点时，前因变量与理想结果变量之间的正向关系中止，并在超过临界点后产生消极影响，从而呈现倒U型的非线性关系（Grant和Schwartz，2011）。

来的压力，降低外部融资成本，把握未来有利的投资机会，提高企业价值。另一方面，企业持有超额现金和保留剩余举债能力都会引起企业的代理问题，产生财务弹性的代理冲突，增加企业的代理成本。按照委托代理理论的观点，过高的现金持有储备和较低的负债比率水平都会给企业的管理者带来更大的寻租空间，诱发管理者的自利行为，或通过营造企业帝国、堑壕性投资等手段加以侵占，降低企业价值。Faulkender和Wang（2006）研究认为，财务弹性对企业价值的边际效应随着财务弹性的增加而降低，随着融资约束程度增加而提升。

当企业治理水平降低时，现金持有水平与企业价值负相关，剩余举债能力较高的企业负债水平较低，保留剩余举债能力削弱了负债的治理效应（Kusnadi，2011）。负债融资的抵税作用不仅能够降低企业资本成本，提升企业业绩水平，还能减少经理人的自利行为，降低代理成本，一味追求低杠杆会影响负债相机治理（Contingent Governance）的作用。理想的负债水平不仅是对负债的税盾收益与债务成本之间的权衡。由于存在着信息不对称，财务弹性越高的企业投资动机越强，但当投资支出超出合理范围之后，容易导致投资的低效率以及财务资源浪费。张会丽和陆正飞（2012）研究发现，企业自由现金流与过度投资呈正相关。Pinkowitz等（2006）、Liu和Mauer（2011）研究表明，企业超额现金持有会促使管理者出于自利动机滥用现金，造成扭曲性投资，从而对企业绩效产生负面影响。因此，尽管财务弹性可以为企业赢得较高的财务弹性，但随着企业财务弹性水平的不断提高，相应的储备成本也会随之上升，削弱财务弹性带来的价值提升（Clark，2010），财务弹性对企业价值的负面影响随着财务弹性的逐渐增加呈边际递增趋势。

总之，财务弹性在为企业创造有利机会的同时，也带来了投资的扭曲、较高的储备成本和管理协调困难，对企业价值的影响效应可能是非线性的。当财务弹性超过一定临界水平后，成本将会超过收益，对企业价值产生负面影响。因此，财务弹性可能是一把“双刃剑”，具有“过犹不及”效应，它与企业价值之间可能并非静态和简单的线性关系。

建立财务弹性收益与成本的综合模型如下：假设企业财务弹性产生

的收益（P）是线性增长函数，即公式为$P=\alpha_0+\alpha_1X$，带来的成本（C）是边际递增函数，即公式为$C=\beta_0+\beta_1X+\beta_2X^2$，则财务弹性对企业价值的影响函数即为两个潜函数相减的情形（线性收益曲线减去凸的成本曲线）。那么，两者合成的U型曲线即为$Y=P-C=(\alpha_0-\beta_0)+(\alpha_1-\beta_1)X-\beta_2X^2$，为倒U型曲线，通过求极值可以得到转折点的位置，即曲线转折点（拐点）的横坐标为$X_0^*=\frac{\alpha_1+\alpha_2-\beta_1}{2\beta_2}$，即为企业目标财务弹性。基于以上分析，本书提出如下假设：

假设7-3b：企业储备过量的财务弹性会降低企业价值。也就是说，企业存在目标财务弹性，财务弹性与企业价值呈倒U型非线性关系，企业财务弹性与企业价值呈先增加后下降趋势。

Liu和Mauer（2011）研究发现，企业财务弹性过高会使管理者过度自信，引发财务决策上的冒险行为，从而会降低企业财务弹性的价值效应。马春爱和易彩（2017）研究认为，过度自信的管理者会倾向于保持较低的财务弹性水平，更多地考虑保持财务弹性的成本，而不是为了应对将来可能发生的财务危机来保持足够的财务弹性。陆正飞和韩非池（2013）发现宏观经济政策和产业政策能够影响以现金为主的财务弹性的价值效应。王满等（2015）发现财务弹性具有价值增值效应，尤其是当非国有企业面临环境不确定性越大时，这种提升作用越强烈。

杨柳和潘镇（2019）认为外部市场的摩擦凸显出财务弹性的价值，而财务弹性价值发挥作用的关键是企业内部治理结构是否有效。Billett和Garfinkel（2004）将外部融资能力作为财务弹性的落脚点，认为只有以低成本获得外部资本的企业才具有财务弹性。CFO作为一种内部治理机制，被安排在公司治理结构中，CFO核心胜任能力较强的企业，公司治理效率和财务运筹效率较高，具备更强的外部融资能力，有利于资金提供者与企业之间的资源有效配置和使用，从而帮助企业以较低成本获得融资的可能性。因此，CFO核心胜任能力较强的企业，其所面临的经营风险和融资约束水平相对较低，现金持有成本和负债融资成本也会降低。若企业储备财务弹性，将更有利于其发挥竞争效应，从而使其能够抓住有利的投资机会，促进企业更好地成长，进一步发挥财务弹性的价值效应。

综上所述，CFO核心胜任能力强的企业储备财务弹性产生的收益（P）是线性增长函数，且更加陡峭，即公式为$P=\alpha_0+(\alpha_1+\alpha_2M)X$，其中，M表示CFO核心胜任能力强度，带来的成本（C）是边际递增函数，即公式为$C=\beta_0+\beta_1X+\beta_2X^2$，则此时财务弹性对企业价值的影响函数即为两个潜函数相减的情形（线性收益曲线减去凸的成本曲线）。那么，两者合成的U型曲线即为$Y=P-C=(\alpha_0-\beta_0)+(\alpha_1-\beta_1+\alpha_2M)X-\beta_2X^2$，为倒U型曲线，通过求极值可以得到转折点的位置，即曲线转折点（拐点）的横坐标为$X_1^*=\frac{\alpha_1+\alpha_2M-\beta_1}{2\beta_2}$，比较可知$X_1^*>X_0^*$，可以明显看出，M的调节效应使得转折点位置发生了向右侧移动，但倒U型曲线的形状并未发生改变，即随着CFO核心胜任能力强度的增加，财务弹性与企业价值的倒U型关系曲线的转折点（企业目标财务弹性）向右侧移动。①基于以上分析，本书提出如下假设：

假设7-4：CFO核心胜任能力正向调节财务弹性与企业价值之间的关系。CFO核心胜任能力越强，企业储备的财务弹性为企业价值带来增值效应越大，倒U型曲线的转折点右移，CFO核心胜任能力对财务弹性决策价值效应的抑制作用发生在倒U型曲线的下降部分。

7.2 CFO核心胜任能力对财务弹性决策竞争效应影响

7.2.1 研究变量及模型设计

（1）样本选择与数据来源

本书的数据主要来自CSMAR数据库、WIND数据库以及相关的财经网站。表示CFO核心胜任能力的相关变量来源于CSMAR数据库和相关的财经网站，并经过手工搜集整理和赋值形成独特数据集；控制变量

① 当一个变量M可以影响X与Y之间的U型或倒U型关系时，即为调节效应。根据Lind和Mehlum（2010），总体上可以分为两类：一类是U型或倒U型曲线的转折点（turning point）左右移动，另一类则是使得U型或倒U型曲线更加陡峭（或者平坦），即曲线斜率的变化。这两类调节效应背后的根源是潜函数（latent functions）的变动。

的相关数据来源于CSMAR数据库。

本书选取沪深两市A股上市公司2009—2018年数据为研究对象，为了确保实证分析的有效性和可行性，对样本作如下筛选：（1）剔除金融保险类上市公司。此类公司与其他行业差异较大，其指标不具有可比性。（2）剔除被证监会特别处理的ST、*ST、PT的上市公司，此类公司的财务状况已经连续两年亏损或发生异常。（3）剔除关键指标值缺失的上市公司。另外，为了消除极端值的影响，对关键指标进行了前后1%的Winsorize缩尾处理，最终得到5 734个样本观测值。所有数据运用Stata 15软件进行分析和处理。

（2）变量设定

①被解释变量：产品市场业绩

产品市场竞争效应最终体现为企业经营业绩的高低，企业在产品市场上所采取的各种策略，其结果最终都要通过经营业绩的高低来体现。企业经营业绩越好，说明企业在行业中市场竞争力越强。Campello（2006）采用经年度行业均值调整的销售收入自然对数的变动额（ΔLnSale）衡量产品市场业绩指标。本书借鉴Frésard（2010）、刘端等（2011）、刘志远等（2013）、陆正飞和韩非池（2013）的做法，用“经行业中位数（均值）调整的企业营业收入增长率”来衡量企业产品市场业绩（ΔSalegrowth）。其中，为了更加公允地表达企业产品市场竞争优势，需要考虑公司相比竞争对手的状况，因此对数据经行业均值进行调整。具体计算公式如下：

$$\Delta Salegrowth_{i,t}=\frac{Sale_{i,t}-Sale_{i,t-1}}{Sale_{i,t-1}}-\frac{1}{n}\sum\left(\frac{Sale_{i,t}-Sale_{i,t-1}}{Sale_{i,t-1}}\right) \tag{7-1}$$

其中，$Sale_{i,t}$表示公司i在t年度主营业务收入；n表示公司i所在行业t年度的样本公司数量。

②解释变量

财务弹性（同前文）

CFO核心胜任能力（同前文）

③控制变量

参考孙进军和顾乃康（2012）的做法，选取公司规模（Size）（滞后1期）、资产负债率（Lev）（滞后1期）、投资支出（Invest）（滞后1期）、销售费用率（SE）（滞后1期）作为控制变量。

（3）模型设定

借鉴陆正飞和韩非池（2013）的做法，以$\Delta Salegrowth_{i,t}$作为被解释变量，建立模型（7-2）来检验企业的财务弹性决策对其产品市场竞争的影响效应，构建模型（7-3）来检验CFO核心胜任能力对财务弹性决策与产品市场竞争的调节效应。

$$\Delta Salegrowth_{i,t} = \beta_0 + \beta_1 FF_{i,t-1} + \beta_2 Size_{i,t-1} + \beta_3 Lev_{i,t-1} + \beta_4 Invest_{i,t-1} + \beta_5 SE_{i,t-1} + \sum Year + \sum Industry + \varepsilon_{i,t} \quad (7\text{-}2)$$

$$\Delta Salegrowth_{i,t} = \beta_0 + \beta_1 FF_{i,t-1} + \beta_2 Competence_{i,t-1} + \beta_3 FF_{i,t-1} \times Competence_{i,t-1} + \beta_4 Size_{i,t-1} + \beta_5 Lev_{i,t-1} + \beta_6 Invest_{i,t-1} + \beta_7 SE_{i,t-1} + \sum Year + \sum Industry + \varepsilon_{i,t} \quad (7\text{-}3)$$

各变量定义与计算方法见表7-1。

表7-1 **变量定义与计算方法**

变量名称	变量含义	计算方法
$\Delta Salegrowth_{i,t}$	产品市场业绩1	经行业年度调整的公司营业收入增长率
$\Delta Lnsale_{i,t}$	产品市场业绩2	销售收入自然对数的变动额
$FF_{i,t-1}$	财务弹性	（企业实际现金持有比率-行业现金持有比率）+Max（行业平均负债比率-企业实际负债比率，0）
$Competence\_pc_{i,t-1}$	CFO核心胜任能力合成指标1	CFO核心胜任能力三个维度八个虚拟变量的主成分合成指标
$Competence\_ew_{i,t-1}$	CFO核心胜任能力合成指标2	CFO核心胜任能力三个维度八个虚拟变量的等权平均值
$Size_{i,t-1}$	公司规模	期末资产总额的自然对数
$Lev_{i,t-1}$	资产负债率	负债总额/总资产
$Invest_{i,t-1}$	投资支出	购建固定资产、无形资产和其他长期资产所支付的现金/总资产
$SE_{i,t-1}$	销售费用率	销售费用/总资产

7.2.2 描述性统计

表7-2列示了主要变量描述性统计结果。从统计结果可以看出，产品市场业绩增长（$\Delta Salegrowth_{i,t}$）的均值为0.092，标准差为0.143，最小值为-2.910，最大值为0.847，说明样本公司的产品市场业绩具有较大的差距。财务弹性（$FF_{i,t-1}$）的均值为0.057，标准差为0.165，最小值为-0.348，最大值为0.956，说明样本公司普遍会保持一定的财务弹性，但不同公司的财务弹性决策差距明显。CFO核心胜任能力（$Competence_{i,t-1}$）的均值为1.302，标准差为0.418，最小值为0，最大值为2.333，表明样本公司的CFO核心胜任能力存在较大波动，具有较大的差异。其他变量统计量都较为合理，在此不再一一赘述。

表7-2 **主要变量的描述性统计结果**

Variable	N	Mean	Sd	Min	P25	Median	P75	Max
$\Delta Salegrowth_{i,t}$	5 734	0.092	0.143	-2.910	0.037	0.081	0.148	0.847
$FF_{i,t-1}$	5 734	0.057	0.165	-0.348	-0.059	0.012	0.139	0.956
$Competence_{i,t-1}$	5 734	1.302	0.418	0	1	1.333	1.667	2.333
$Size_{i,t-1}$	5 734	21.89	1.154	18.15	21.05	21.72	22.54	25.55
$Lev_{i,t-1}$	5 734	0.380	0.203	0	0.216	0.368	0.532	0.855
$Invest_{i,t-1}$	5 734	0.046	0.053	-0.007	0.008	0.027	0.064	0.257
$SE_{i,t-1}$	5 734	0.026	0.044	-0.007	0.004	0.013	0.029	0.951

7.2.3 相关性分析

表7-3是主要变量的Pearson系数相关性分析。结果显示，财务弹性（$FF_{i,t-1}$）与产品市场业绩增长（$\Delta Salegrowth_{i,t}$）在1%的水平上呈正相关关系，相关系数为0.067，初步证实了财务弹性在提升企业产品市场业绩增长方面发挥着重要作用；CFO核心胜任能力（$Competence_{i,t-1}$）与产品市场业绩增长（$\Delta Salegrowth_{i,t}$）在1%的水平上呈正相关关系，相关系数为0.065，说明CFO核心胜任能力能够促进企业产品市场业绩增长。此外，自变量与控制变量之间的相关系数较小，表明回归方程的多重共线性程度较轻。

表 7-3 主要变量的Pearson系数相关性分析

变量	$\Delta Salegrowth_{i,t}$	$FF_{i,t-1}$	$Competence_{i,t-1}$	$Size_{i,t-1}$	$Lev_{i,t-1}$	$Invest_{i,t-1}$	$SE_{i,t-1}$
$\Delta Salegrowth_{i,t}$	1						
$FF_{i,t-1}$	0.067^{***}	1					
$Competence_{i,t-1}$	0.065^{***}	-0.042^{***}	1				
$Size_{i,t-1}$	0.104^{***}	-0.240^{***}	0.177^{***}	1			
$Lev_{i,t-1}$	-0.076^{***}	-0.463^{***}	0.061^{***}	0.453^{***}	1		
$Invest_{i,t-1}$	-0.004	-0.099^{***}	-0.035^{***}	-0.047^{***}	-0.033^{**}	1	
$SE_{i,t-1}$	0.024^{*}	0.047^{***}	0.030^{**}	-0.120^{***}	-0.087^{***}	0.020	1

注：*、**和***分别表示 $p<0.1$、$p<0.05$ 和 $p<0.01$，即在10%、5%和1%水平上显著。

7.2.4 实证结果分析

假设7-1和假设7-2的多元回归结果见表7-4，列示了企业产品市场业绩（ΔSalegrowth）作为被解释变量，基于模型7-1和模型7-2所得到的回归结果。其中，第（1）列为未控制CFO核心胜任能力及其与财务弹性的交乘项$FF_{i,t-1} \times Competence_{i,t-1}$的回归结果，财务弹性（$FF_{i,t-1}$）的估计系数为0.0317，在5%的水平上显著为正，表明财务弹性提高了企业的市场竞争效应；第（2）列将CFO核心胜任能力（$Competence_{i,t-1}$）放入回归模型中，其估计系数为0.0122，在1%的水平上显著正相关，即CFO核心胜任能力有助于提升企业的产品市场竞争优势，进而对企业的产品市场业绩产生显著的正向影响；第（3）列则是将财务弹性与CFO核心胜任能力的交乘项$FF_{i,t-1} \times Competence_{i,t-1}$放入回归模型中的回归结果。结果显示，财务弹性与CFO核心胜任能力的交乘项$FF_{i,t-1} \times Competence_{i,t-1}$的估计系数为0.0608，在5%的水平上显著正相关，而财务弹性（$FF_{i,t-1}$）不显著，即财务弹性在发挥市场竞争效应的过程中，CFO核心胜任能力具有显著的强化作用，证实了假设7-2的结果。

7.2.5 进一步分析

为了进一步探究现金弹性和负债融资弹性对产品市场竞争效应所发挥的作用，本书继续检验现金弹性和负债融资弹性对产品市场业绩各自产生的影响效应，回归检验结果见表7-5。其中，第（1）列和第（2）列为现金弹性回归结果，第（3）列和第（4）列为负债融资弹性回归结果。可以看出，现金弹性与CFO核心胜任能力的交乘项$CashF_{i,t-1} \times Competence_{i,t-1}$不显著，负债融资弹性与CFO核心胜任能力的交乘项$DebtF_{i,t-1} \times Competence_{i,t-1}$的估计系数为0.130，在1%的水平上显著正相关，表明CFO核心胜任能力越强的企业越倾向于发挥负债融资弹性，提升企业产品市场业绩，通过发挥剩余举债能力来保持企业的产品市场竞争效应，这一结果也进一步证实了第5章实证检验的部分结果。

表7-4 **财务弹性决策的竞争效应**

变量	(1) $\Delta Salegrowth_{i,t}$	(2) $\Delta Salegrowth_{i,t}$	(3) $\Delta Salegrowth_{i,t}$
$FF_{i,t-1}$	0.0317**	0.0324***	0.0452*
	(2.53)	(2.58)	(1.75)
$Competence_{i,t-1}$		0.0122***	0.00930**
		(2.80)	(2.06)
$FF_{i,t-1} \times Competence_{i,t-1}$			0.0608**
			(2.50)
$Size_{i,t-1}$	0.0172***	0.0163***	0.0164***
	(9.14)	(8.58)	(8.60)
$Lev_{i,t-1}$	−0.0990***	−0.0982***	−0.0978***
	(−8.70)	(−8.63)	(−8.60)
$Invest_{i,t-1}$	0.0488	0.0495	0.0517
	(1.36)	(1.38)	(1.44)
$SE_{i,t-1}$	0.192***	0.186***	0.182***
	(4.58)	(4.43)	(4.34)
Industry	控制	控制	控制
Year	控制	控制	控制
Constant	−0.329***	−0.324***	−0.321***
	(−7.77)	(−7.66)	(−7.58)
R^2	0.112	0.114	0.115
Adjusted R^2	0.108	0.109	0.110
F值	24.91	24.37	23.81
N	5 734	5 734	5 734

注：***、**和*分别表示在1%、5%和10%水平上显著；括号内为经过公司聚类（Cluster）调整后的t值。

表7-5 现金弹性和负债融资弹性决策的竞争效应回归结果

变量	(1) $\Delta Salegrowth_{i,t}$	(2) $\Delta Salegrowth_{i,t}$	(3) $\Delta Salegrowth_{i,t}$	(4) $\Delta Salegrowth_{i,t}$
$CashF_{i,t-1}$	0.0452***	0.0101		
	(2.65)	(0.19)		
$DebtF_{i,t-1}$			0.0263	0.138**
			(1.15)	(2.47)
$Competence_{i,t-1}$	0.0119***	0.0121***	0.0122***	0.00520
	(2.74)	(2.77)	(2.79)	(1.07)
$CashF_{i,t-1} \times Competence_{i,t-1}$		0.0270		
		(0.70)		
$DebtF_{i,t-1} \times Competence_{i,t-1}$				0.130***
				(3.23)
$Size_{i,t-1}$	0.0161***	0.0160***	0.0163***	0.0164***
	(8.45)	(8.45)	(8.51)	(8.58)
$Lev_{i,t-1}$	-0.106***	-0.106***	-0.103***	-0.103***
	(-10.19)	(-10.18)	(-8.46)	(-8.44)
$Invest_{i,t-1}$	0.0498	0.0501	0.0425	0.0453
	(1.38)	(1.39)	(1.18)	(1.26)
$SE_{i,t-1}$	0.182***	0.181***	0.189***	0.189***
	(4.34)	(4.30)	(4.52)	(4.52)
Industry	控制	控制	控制	控制
Year	控制	控制	控制	控制
Constant	-0.313***	-0.312***	-0.321***	-0.316***
	(-7.44)	(-7.43)	(-7.49)	(-7.37)
R^2	0.114	0.114	0.113	0.114
Adjusted R^2	0.109	0.109	0.108	0.110
F值	24.383	23.610	24.168	23.764
N	5 734	5 734	5 734	5 734

注：***、**和*分别表示在1%、5%和10%水平上显著；括号内为经过公司聚类（Cluster）调整后的t值。

7.2.6 稳健性检验

为了保证研究结论的稳健，更换企业产品市场业绩指标（$\Delta Lnsale_{i,t}$），重新进行检验。表7-6是稳健性检验结果。其中，第（1）列为未控制CFO核心胜任能力及其与财务弹性的交乘项$FF_{i,t-1} \times Competence_{i,t-1}$的回归结果，财务弹性（$FF_{i,t-1}$）的估计系数为0.0159，在1%的水平上显著为正，表明财务弹性提高了企业的市场竞争效应；第（2）列将CFO核心胜任能力（$Competence_{i,t-1}$）放入回归模型中，其估计系数为0.00303，在10%的水平上显著正相关，即CFO核心胜任能力有助于提升企业的产品市场竞争优势，进而对企业的产品市场业绩产生显著的正向影响；第（3）列则是将财务弹性与CFO核心胜任能力及其交乘项$FF_{i,t-1} \times Competence_{i,t-1}$放入回归模型中的回归结果。结果显示，财务弹性与CFO核心胜任能力的交乘项$FF_{i,t-1} \times Competence_{i,t-1}$的估计系数为0.00457，在5%的水平上显著正相关，即财务弹性在发挥市场竞争效应的过程中，CFO核心胜任能力具有显著的弱化作用，研究结果没有发生差异，结论仍然成立。

表7-6　　　　**财务弹性决策的竞争效应稳健性检验**

变量	(1)	(2)	(3)
	$\Delta Lnsale_{it}$	$\Delta Lnsale_{it}$	$\Delta Lnsale_{it}$
$FF_{i,t-1}$	0.0159***	0.0160***	0.0218*
	(3.30)	(3.33)	(1.70)
$Competence_{i,t-1}$		0.00303*	0.00324*
		(1.81)	(1.88)
$FF_{i,t-1} \times Competence_{i,t-1}$			0.00457**
			(2.29)
$Size_{i,t-1}$	0.00372***	0.00350***	0.00350***
	(5.14)	(4.79)	(4.78)
$Lev_{i,t-1}$	0.0127***	0.0129***	0.0129**
	(2.92)	(2.96)	(2.95)
$Invest_{i,t-1}$	0.0513***	0.0515***	0.0513***
	(3.72)	(3.73)	(3.72)
$SE_{i,t-1}$	-0.0156	-0.0171	-0.0168
	(-0.97)	(-1.06)	(-1.04)
Industry	控制	控制	控制
Year	控制	控制	控制
Constant	0.157***	0.159***	0.158***
	(9.64)	(9.70)	(9.68)
R^2	0.187	0.187	0.189
Adjusted R^2	0.183	0.183	0.185
F值	44.669	43.307	49.912
N	5 670	5 670	5 670

注：***、**和*分别表示在1%、5%和10%水平上显著；括号内为经过公司聚类（Cluster）调整后的t值。

7.3 CFO核心胜任能力对财务弹性决策价值效应影响

7.3.1 研究变量及模型设计

（1）样本选择与数据来源

本书的数据主要来自CSMAR数据库、WIND数据库以及相关的财经网站。表示CFO核心胜任能力的相关变量来源于CSMAR数据库和相关的财经网站，并经过手工搜集整理和赋值形成独特数据集；控制变量的相关数据来源于CSMAR数据库。

本书选取沪深两市A股上市公司2009—2018年数据为研究对象，为了确保实证分析的有效性和可行性，对样本作如下筛选：（1）剔除金融保险类上市公司。此类公司与其他行业差异较大，其指标不具有可比性。（2）剔除被证监会特别处理的ST、*ST、PT的上市公司，此类公司的财务状况已经连续两年亏损或发生异常。（3）剔除关键指标值缺失的上市公司。另外，为了消除极端值的影响，对关键指标进行了前后1%的Winsorize缩尾处理，最终得到7 759个样本观测值。所有数据运用Stata 15软件进行分析和处理。

（2）变量设定

①被解释变量：企业市场价值

借鉴Fama和French（1998）的经典企业价值回归模型的方法，构建如下模型用以检验财务弹性政策选择对企业市场价值的影响。企业市场价值=（流通股股数×流通股价格+非流通股股数×每股净资产+负债账面价值）/总资产账面价值。将样本分为高财务弹性水平组和低财务弹性水平组两个子样本，检验不同财务弹性下对企业价值的影响效应。

②解释变量

财务弹性的度量（同前文）

CFO核心胜任能力（同前文）

③控制变量

借鉴Dittmar等（2003）、祝继高和陆正飞（2009）、刘志远等

(2013)、刘名旭和向显湖（2014）诸多学者的研究，本书列示了以下主要变量：公司规模（Size）、产权性质（Soe）、公司成长性（Growth）、自由现金流（CF）、环境不确定性（HEU）、资产有形性（Tang）等公司特征变量，以及第一大股东持股比例（Share）、股权制衡度（Inp）、董事会独立性（Indep）等公司治理变量。最后，为了控制时间因素和行业差异的影响，在模型中加入年度虚拟变量（Year）和行业控制变量（Industry）。各变量的具体含义和计算方法见表7-7。

表7-7　**变量含义与计算方法**

变量名称	变量含义	计算方法
Tobin's Q	企业价值	(流通股股数×流通股价格+非流通股股数×每股净资产+负债账面价值）/总资产账面价值
FF	财务弹性	(企业实际现金持有比率-行业现金持有比率）+Max（行业平均负债比率-企业实际负债比率，0)
FF^2	财务弹性的平方项	(企业实际现金持有比率-行业现金持有比率）+Max（行业平均负债比率-企业实际负债比率，0)^2
Competence_pc	CFO核心胜任能力合成指标1	CFO核心胜任能力三个维度八个虚拟变量的主成分合成指标
Competence_ew	CFO核心胜任能力合成指标2	CFO核心胜任能力三个维度八个虚拟变量的等权平均值
Soe	产权性质	若上市公司为国有企业，取值为1，否则为0
Size	公司规模	期末资产总额的自然对数
Growth	公司成长性	当期主营业务收入增长率
HEU	环境不确定性	近三年净利润率的标准离差率
Capex	资本支出	购建固定资产、无形资产和其他长期资产所支付的现金/总资产
Tang	资产有形性	(固定资产+存货）/总资产
CF	自由现金流	经营活动产生的现金流量净额/总资产
TC	商业信用融资	(应付总额-应收总额）/总资产
Share	第一大股东持股比例	第一大股东持股股数/总股数
Inp	股权制衡度	第二到第十大股东持股比例/第一大股东持股比例
Indep	董事会独立性	公司独立董事人数/董事会总人数
Industry	行业控制变量	根据证监会2012年行业分类设置虚拟变量
Year	年度虚拟变量	若样本属于某一年度，则取值为1，否则为0

（3）模型设定

为了验证企业财务弹性决策对企业市场价值的作用效果，建立模型（7-4）来检验财务弹性与企业市场价值之间的关系。为了检验目标财务弹性的存在导致企业财务弹性决策与企业市场价值之间存在非线性关系，借鉴McConnell和Servaes（1990）、Lind和Mehlum（2010）的做法，构建模型（7-5）来进行验证。模型（7-6）用来检验CFO核心胜任能力对财务弹性决策与企业市场价值之间的调节作用。

$$Tobin'sQ_{i,t} = \beta_0 + \beta_1 FF_{i,t} + \beta_2 \sum Control_{i,t} + \sum Year + \sum Industry + \varepsilon_{i,t} \tag{7-4}$$

$$Tobin'sQ_{i,t} = \beta_0 + \beta_1 FF_{i,t} + \beta_2 FF^2_{i,t-1} + \beta_3 \sum Control_{i,t} + \sum Year + \sum Industry + \varepsilon_{i,t} \tag{7-5}$$

$$Tobin'sQ_{i,t} = \beta_0 + \beta_1 FF_{i,t} + \beta_2 FF^2_{i,t-1} + \beta_3 Competence_{i,t} + \beta_4 FF_{i,t} \times Competence_{i,t} + \beta_5 FF^2_{i,t-1} \times Competence_{i,t} + \beta_6 \sum Control_{i,t} + \sum Year + \sum Industry + \varepsilon_{i,t} \tag{7-6}$$

在上述模型（7-5）和（7-6）中，如果系数β_1显著大于0，β_2显著小于0，则表明财务弹性与企业价值之间呈倒U型关系，即企业存在目标财务弹性。

7.3.2 描述性统计

表7-8报告了主要变量的描述性统计结果。在样本公司中，企业价值（Tobin's Q）的均值为2.182，大于中位数1.692。最大值和最小值分别为56.66和0.153，说明样本的分布右偏。财务弹性的最小值为-0.463，最大值为1.286，均值为0.065，大于中位数0.015，表明样本公司总体的财务弹性水平不高，样本差异较大，分布也不均匀。CFO核心胜任能力（Competenc）的标准差为0.418，均值为1.333，从总体上看，企业间的CFO核心胜任能力差异较大。其他控制变量在此不一一赘述。

7.3.3 相关性分析

表7-9列示了主要变量的Pearson相关系数。其中，财务弹性（FF）和企业价值（Tobin's Q）显著正相关，这在一定程度上说明财务弹性较高的公司，其企业价值可能也高，但两者的关系仍需通过回归分析

表7-8 主要变量的描述性统计结果

变量	N	Mean	Sd	Min	P25	Median	P75	Max
Tobin's Q	7 759	2.182	1.792	0.153	1.294	1.692	2.453	56.66
FF	7 759	0.065	0.180	-0.463	-0.061	0.015	0.151	1.286
Competence	7 759	1.303	0.418	0	1	1.333	1.667	2.333
Soe	7 759	0.407	0.491	0	0	0	1	1
Size	7 759	21.94	1.160	18.15	21.11	21.77	22.60	25.55
ROA	7 759	0.036	0.052	-0.586	0.012	0.032	0.059	0.184
Growth	7 759	0.381	0.979	-2.726	-0.032	0.137	0.442	6.737
Lev	7 759	0.376	0.205	0	0.211	0.363	0.525	0.855
HEU	7 759	3.718	23.35	0	0.017	0.041	0.121	208.7
Capex	7 759	0.045	0.052	-0.007	0.008	0.026	0.062	0.257
Tang	7 759	0.929	0.087	0.223	0.917	0.955	0.978	1
CF	7 759	0.036	0.094	-1.763	-0.005	0.034	0.081	0.293
TC	7 759	-0.029	0.103	-0.650	-0.082	-0.015	0.019	0.272
Share	7 759	35.45	14.99	2.197	23.56	33.66	45.69	75.25
Inp	7 759	21.75	12.78	0	11.34	20.42	30.75	54.21
Indep	7 759	0.373	0.054	0.231	0.333	0.333	0.429	0.571

作进一步探讨。CFO核心胜任能力（Competence）与企业价值（Tobin's Q）在1%的水平上呈正相关关系，表明CFO核心胜任能力能提高企业价值。具体观察各个变量之间的相关性系数可知，相关性系数的值均较小（低于0.5）。另外，通过进一步计算所有回归方程的方差膨胀因子（VIF），发现VIF的平均值均小于2。因此，表明不存在严重的多重共线性问题对本章的回归模型产生影响。

表 7-9 主要变量的Pearson系数相关性分析

变量	Tobin'sQ	FF	Competence	Soe	Size	ROA	Growth	Lev	HEU	Capex	Tang	CF	TC	Share	Inp	Indep
Tobin's Q	1															
FF	0.161***	1														
Competence	0.050***	-0.030***	1													
Soe	-0.144***	-0.149***	0.144***	1												
Size	-0.367***	-0.247***	0.172***	0.352***	1											
ROA	0.105***	0.232***	0.083***	-0.131***	-0.011	1										
Growth	0.052***	-0.006	0.018	0.021*	-0.011	0.019*	1									
Lev	-0.207***	-0.535***	0.049***	0.261***	0.438***	-0.295***	0.033***	1								
HEU	-0.011	0.035***	0.021*	0.053***	0.039***	0.021*	0.053***	-0.049***	1							
Capex	-0.060***	-0.082***	-0.033***	-0.075***	-0.025**	0.060***	-0.095***	-0.019*	-0.065***	1						
Tang	-0.069***	0.054***	0.022*	0.116***	0.030***	-0.031***	-0.030***	0.144***	0.039***	-0.001	1					
CF	0.058***	0.096***	0.051***	-0.014	0.015	0.237***	-0.086***	-0.069***	-0.051***	0.160***	-0.022**	1				
TC	-0.098***	-0.067***	0.023**	0.172***	0.160***	-0.161***	-0.030***	0.238***	0.032***	0.066***	0.019*	0.013	1			
Share	-0.103***	0.004	0.072***	0.239***	0.246***	0.056***	-0.011	0.057***	-0.006	-0.016	0.110***	0.043***	0.021*	1		
Inp	0.032***	0.130***	-0.012	-0.291***	-0.068***	0.143***	0.009	-0.201***	-0.047***	0.095***	-0.175***	0.035***	-0.070***	-0.419***	1	
Indep	0.056***	0.007	-0.043***	-0.063***	0.019*	-0.023**	0.024**	-0.019*	0.015	-0.017	-0.013	-0.017	-0.012	0.052***	0.006	1

注：*、**和***分别表示 $p<0.1$、$p<0.05$ 和 $p<0.01$，即在10%、5%和1%水平上显著。

7.3.4 实证结果分析

（1）财务弹性对企业价值的影响

采用最小二乘法进行经验估计，并经过公司聚类（Cluster）调整t值。表7-10汇报了财务弹性决策的价值效应检验假设的层次回归结果。其中，第（1）列是包含控制变量的回归结果；第（2）列中加入了财务弹性变量，财务弹性（FF）的估计系数为0.0262，在1%的水平上显著为正；第（3）列包含了财务弹性和财务弹性二次项，结果显示财务弹性（FF）的估计系数为0.0502，在1%的水平上显著为正，财务弹性二次项（FF^2）的估计系数为-0.0596，在1%的水平上显著为负；相比第（2）列，第（3）列的解释力度明显增加（ΔR^2=0.004，P<0.01）。

表7-10 财务弹性决策的价值效应检验假设的层次回归结果

变量	(1) 企业价值（Tobin's Q）	(2) 企业价值（Tobin's Q）	(3) 企业价值（Tobin's Q）
FF		0.0262***	0.0502***
		(6.49)	(8.66)
FF^2			-0.0596***
			(-6.53)
Soe	-0.0111***	-0.0106***	-0.0107***
	(-8.38)	(-8.05)	(-8.09)
Size	0.01000***	0.0101***	0.0101***
	(14.93)	(15.22)	(15.21)
ROA	0.00383***	0.00362***	0.00369***
	(5.09)	(4.84)	(4.86)
Growth	0.00278***	0.00281***	0.00280***
	(3.74)	(3.78)	(3.79)
Lev	-0.0747***	-0.0615***	-0.0590***
	(-20.84)	(-14.52)	(-13.84)

续表

变量	(1) 企业价值（Tobin's Q）	(2) 企业价值（Tobin's Q）	(3) 企业价值（Tobin's Q）
HEU	0.0000540**	0.0000577**	0.0000631**
	(1.96)	(2.16)	(2.38)
Capex	0.0110	0.0197*	0.0211**
	(1.07)	(1.93)	(2.08)
Tang	0.0121**	0.00473	0.00487
	(2.07)	(0.80)	(0.82)
CF	0.111***	0.107***	0.106***
	(11.23)	(11.08)	(11.02)
TC	-0.0540***	-0.0577***	-0.0584***
	(-10.62)	(-11.27)	(-11.40)
Share	0.000299***	0.000284***	0.000276***
	(7.35)	(6.99)	(6.81)
Inp	0.000384***	0.000354***	0.000349***
	(8.00)	(7.38)	(7.28)
Indep	-0.0413***	-0.0405***	-0.0401***
	(-4.19)	(-4.13)	(-4.09)
Industry	控制	控制	控制
Year	控制	控制	控制
Constant	-0.190***	-0.191***	-0.191***
	(-10.83)	(-10.97)	(-10.96)
R^2	0.228	0.233	0.237
Adjusted R^2	0.224	0.229	0.233
N	7 759	7 759	7 759

注：***、**和*分别表示在1%、5%和10%水平上显著；括号内为经过公司聚类（Cluster）调整后的t值。

综上所述，当财务弹性水平小于转折点（拐点）时，财务弹性与企业价值正相关；当财务弹性水平大于转折点（拐点）时，财务弹性与企业价值负相关。随着财务弹性的增加，企业价值呈现出先增长后下降的趋势，财务弹性决策的价值效应即财务弹性与企业价值之间存在着倒U型的非线性关系，也反映出企业目标财务弹性的存在性。企业预先储备的财务弹性虽然给企业带来价值提升，但如果财务弹性储备水平过高，超过一个确定的数量节点，财务弹性的代理问题就会显现。代理成本的存在会侵蚀已产生的价值收益，降低企业的价值增值。从而，研究假设7-3得到验证。

（2）CFO核心胜任能力的调节作用

假设7-4认为CFO核心胜任能力对财务弹性与企业价值的倒U型关系起到调节作用。CFO核心胜任能力越强，财务弹性对企业价值的正向影响越大。与CFO核心胜任能力弱的企业相比，CFO核心胜任能力强的企业影响更显著。

前文设计的待检验模型（7-6）的回归结果见表7-11。在第（1）列中，财务弹性与CFO核心胜任能力的交乘项FF×Competence的系数符号为正（$\beta=0.000509$，$P>0.1$），财务弹性二次项与CFO核心胜任能力的交乘项$FF^2\times$Competence的系数符号为负（$\beta=-0.00130$，$P>0.1$），均未通过显著性检验；在第（2）列中，财务弹性与CFO核心胜任能力的交乘项FF×Competence的系数符号为正（$\beta=0.0157$，$P<0.05$），财务弹性二次项与CFO核心胜任能力的交乘项$FF^2\times$Competence的系数符号为负（$\beta=-0.00235$，$P<0.05$），均通过统计显著性检验，$\beta_1\beta_5-\beta_2\beta_4$的值大于0。结果表明，CFO核心胜任能力表现出了“协同效应”，在一定程度上强化了财务弹性对企业价值的影响，使倒U型曲线的转折点右移，CFO核心胜任能力对财务弹性决策价值效应的抑制作用发生在倒U型曲线的下降部分，此时财务弹性的价值最大化。

7.3.5 进一步分析

对于一个有发展潜力的企业而言，企业的成长性是财务管理工作最

表7-11　　CFO核心胜任能力的调节效应

变量	(1) 全样本	(2) Competence＞Median
FF	0.0493***	0.0271***
	(3.14)	(2.97)
FF^2	-0.0565*	-0.0401***
	(-1.92)	(-6.35)
Competence	0.00874***	0.00928***
	(6.56)	(6.99)
FF×Competence	0.000509	0.0157**
	(0.05)	(2.21)
FF^2×Competence	-0.00130	-0.00235**
	(-0.06)	(-1.99)
Soe	-0.0115***	-0.0115***
	(-8.67)	(-8.68)
Size	0.00965***	0.00965***
	(14.51)	(14.51)
ROA	0.00365***	0.00365***
	(4.86)	(4.86)
Growth	0.00275***	0.00273***
	(3.72)	(3.69)
Lev	-0.0582***	-0.0584***
	(-13.69)	(-13.74)
HEU	0.0000617**	0.0000619**
	(2.31)	(2.31)
Capex	0.0220**	0.0223**
	(2.18)	(2.22)

续表

变量	(1) 全样本	(2) Competence>Median
Tang	0.00435	0.00454
	(0.74)	(0.77)
CF	0.104***	0.104***
	(10.97)	(10.99)
TC	-0.0585***	-0.0585***
	(-11.40)	(-11.39)
Share	0.000271***	0.000269***
	(6.68)	(6.65)
Inp	0.000341***	0.000339***
	(7.07)	(7.05)
Indep	-0.0369***	-0.0369***
	(-3.78)	(-3.77)
Industry	控制	控制
Year	控制	控制
Constant	-0.191***	-0.192***
	(-10.94)	(-11.01)
R^2	0.242	0.241
Adjusted R^2	0.237	0.237
N	7 759	7 759

注：***、**和*分别表示在1%、5%和10%水平上显著；括号内为经过公司聚类（Cluster）调整后的t值。

为重要的溢出效应。储备适当的财务弹性有利于形成有效的资金链管理和保护机制，也可以有效应对不确定的经营环境和规避风险。然而，财务弹性是一把“双刃剑”，储备并非越多越好，保持适当的财务弹性水平对企业发展是有利的，但随着企业现金持有水平的持续增加，由代理问题引发的超额现金持有可能会成为企业高管侵占股东利益、大股东侵占中小股东利益的工具，对企业成长是不利的（Myers和Rajan，1998；王爱群和唐文萍，2017）。委托代理理论认为，伴随着负债融资引起的债权人和股东之间的代理冲突，现代企业中存在着负债融资的代理成本（Jenson和Meckling，1976）。由此可见，财务弹性的价值与企业成长性相关，持有超额现金或保持过低负债，会导致管理层滥用现金引发委托代理问题（Pinkowitz，2006；Dittmar和Mahrt-Smith，2007；Harford等，2009），现金持有成本和负债融资成本都会成为企业成长的壁垒。

企业通过增加现金持有、降低负债比率来储备财务弹性应对经营环境的不确定性，但是，由于委托代理问题的存在，一方面，超额现金持有会导致企业现金持有成本过高；另一方面，过低的负债比率使得企业负债融资代理成本过高。财务弹性水平过高，会带来过高的储备成本，占用了企业发展的资金资源。因此，财务弹性可能不利于企业的可持续增长。

企业可持续增长是企业当前经营管理效率和财务政策决定的内在增长能力（苏卫东和王娜，2016）[①]。为了进一步说明CFO核心胜任能力、财务弹性对企业价值效应的影响，引入企业可持续增长率（sustainable growth rate，SGR），表示企业增长速度与其财务资源之间的内在联系，借鉴财务学者罗伯特·C.希金斯1981年提出的可持续增长率等式，构建财务可持续增长计量模型来计算财务可持续增长率以衡量企业成长性。构建模型（7-7）如下：

$$SGR = PS + TAT + RP + EM \tag{7-7}$$

其中，SGR表示企业可持续增长率；PS表示企业销售净利率；TAT表示企业总资产周转率；RP表示企业留存收益率；EM表示企业权益乘数。

基于模型（7-4）和模型（7-6），构建模型（7-8）和模型（7-9）如下：

$$SGR_{i,t} = \beta_0 + \beta_1 FF_{i,t} + \beta_2 \sum Control_{i,t} + \sum Year + \sum Industry + \varepsilon_{i,t} \tag{7-8}$$

---

① 此处的经营管理效率主要指销售净利率和资产周转率，财务政策主要指股利支付率和资本结构。罗伯特·C.希金斯（Robert C. Higgins）认为，企业的可持续增长率是指在不需要耗尽其财务资源的前提下，企业销售所能增长的最大比率，体现企业在现有的经营管理水平和财务政策之下所具有的增长能力。

$$SGR_{i,t} = \beta_0 + \beta_1 FF_{i,t} + \beta_2 Competence_{i,t} + \beta_3 FF_{i,t} \times Competence_{i,t} + \beta_4 \sum Control_{i,t} + \sum Year + \sum Industry + \varepsilon_{i,t} \quad (7-9)$$

在模型（7-8）和（7-9）中，变量的经济含义与模型（7-4）和模型（7-6）相同，不同之处是将企业可持续增长率（SGR）同时放入模型中，在模型（7-8）中，FF的系数β_1度量了财务弹性对企业可持续增长率的影响；在模型（7-9）中，Competence的系数β_2度量了CFO核心胜任能力对企业可持续增长率的影响，FF×Competence的系数β_3度量了CFO核心胜任能力和财务弹性对企业可持续增长率的影响。

基于企业可持续增长率的检验结果见表7-12。表中FF的系数在回归中显著为负，表明财务弹性降低了企业可持续增长率。CFO核心胜任能力与财务弹性的交乘项FF×Competence的估计系数在回归中均显著为负，且估计系数下降，表明CFO核心胜任能力降低了企业财务弹性对企业成长性的负向抑制作用，即CFO核心胜任能力负向调节财务弹性对企业成长性的影响作用。研究结论表明，财务弹性高，限制了企业的发展，降低了企业成长性。

表7-12　　**基于企业可持续增长率的检验结果**

变量	(1) 可持续增长率(SGR)	(2) 可持续增长率(SGR)	(3) 可持续增长率(SGR)	(4) 可持续增长率(SGR)	(5) 可持续增长率(SGR)	(6) 可持续增长率(SGR)
FF（等权平均）	-0.0642***	-0.0331*				
	(-5.54)	(-1.95)				
FF（流通市值加权）			-0.0646***	-0.0421***		
			(-6.05)	(-2.65)		
FF（总市值加权）					-0.0624***	-0.0385**
					(-6.26)	(-2.45)
Competence		-0.00272		-0.00287		-0.00300
		(-1.27)		(-1.25)		(-1.34)
FF×Competence		-0.0248***		-0.0182**		-0.0192**
		(-2.85)		(-2.34)		(-2.39)
Soe	0.00394*	0.00440*	0.00360	0.00405*	0.00384	0.00429*
	(1.67)	(1.87)	(1.52)	(1.72)	(1.62)	(1.82)

续表

变量	(1) 可持续增长率(SGR)	(2) 可持续增长率(SGR)	(3) 可持续增长率(SGR)	(4) 可持续增长率(SGR)	(5) 可持续增长率(SGR)	(6) 可持续增长率(SGR)
Size	-0.000654	-0.000524	-0.000989	-0.000855	-0.000866	-0.000727
	(-0.35)	(-0.27)	(-0.53)	(-0.45)	(-0.46)	(-0.38)
ROA	1.721***	1.724***	1.720***	1.723***	1.719***	1.722***
	(28.52)	(28.28)	(28.68)	(28.44)	(28.75)	(28.51)
Growth	0.0114**	0.0114**	0.0114**	0.0114**	0.0114**	0.0114**
	(2.01)	(2.00)	(2.00)	(2.00)	(2.00)	(2.00)
Lev	0.0311**	0.0309**	0.0271*	0.0269*	0.0297**	0.0295**
	(2.05)	(2.04)	(1.77)	(1.76)	(2.00)	(1.98)
HEU	0.0000584	0.0000610	0.0000536	0.0000552	0.0000561	0.0000579
	(1.04)	(1.09)	(0.95)	(0.98)	(1.00)	(1.03)
Capex	0.00841	0.00745	0.00785	0.00689	0.00906	0.00808
	(0.41)	(0.36)	(0.38)	(0.34)	(0.45)	(0.40)
Tang	0.0375**	0.0375**	0.0402**	0.0402**	0.0391**	0.0391**
	(2.00)	(1.99)	(2.13)	(2.12)	(2.10)	(2.09)
CF	-0.0331**	-0.0328**	-0.0331**	-0.0326**	-0.0333**	-0.0329**
	(-1.99)	(-1.98)	(-1.99)	(-1.97)	(-2.00)	(-1.98)
TC	-0.00114	-0.00114	-0.00201	-0.00191	-0.00162	-0.00156
	(-0.08)	(-0.08)	(-0.14)	(-0.13)	(-0.11)	(-0.11)
Share	-0.00024***	-0.00023***	-0.00023***	-0.00023***	-0.00024***	-0.00023***
	(-3.11)	(-3.05)	(-3.07)	(-3.01)	(-3.11)	(-3.06)
Inp	0.000134	0.000138	0.000152	0.000156	0.000141	0.000146
	(1.05)	(1.08)	(1.18)	(1.21)	(1.11)	(1.14)
Indep	0.0699	0.0678	0.0713	0.0691	0.0708	0.0685
	(1.50)	(1.46)	(1.52)	(1.48)	(1.51)	(1.47)
Industry	控制	控制	控制	控制	控制	控制
Year	控制	控制	控制	控制	控制	控制
Constant	-0.0723	-0.0718	-0.0648	-0.0643	-0.0687	-0.0680
	(-1.10)	(-1.10)	(-1.00)	(-1.00)	(-1.05)	(-1.04)
R^2	0.461	0.462	0.461	0.462	0.461	0.462
Adjusted R^2	0.459	0.459	0.459	0.459	0.459	0.459
N	8 052	8 052	8 052	8 052	8 052	8 052

注：***、**和*分别表示在1%、5%和10%水平上显著；括号内为经过公司聚类（Cluster）调整后的t值。

7.3.6 稳健性检验

为了解决变量度量偏差的问题，增强研究结论的可靠性，为进一步检验企业财务弹性决策的价值效应，借鉴杨柳和潘镇（2019）的做法，用投入资本回报率（return on invested capital，ROIC）[①]作为衡量企业价值效应的替代指标重新进行回归估计。

更换因变量的测量指标稳健性检验结果见表7-13。表中第（1）列是包含控制变量的回归结果；第（2）列中加入了财务弹性和财务弹性二次项变量，财务弹性（FF）的估计系数为0.0211，在5%的水平上显著为正。财务弹性二次项（FF^2）的估计系数为-0.0324，在1%的水平上显著为负；第（3）列中加入了CFO核心胜任能力变量，结果显示财务弹性（FF）的估计系数为0.0331，在1%的水平上显著为正，财务弹性二次项（FF^2）的估计系数为-0.0526，在1%的水平上显著为负；CFO核心胜任能力（Competence）的估计系数为0.0117，在1%的水平上显著为正，CFO核心胜任能力与财务弹性的交乘项FF×Competence的估计系数为0.0217，在10%的水平上显著为正，CFO核心胜任能力与财务弹性二次项的交乘项FF^2×Competence的估计系数为-0.00203，在10%的水平上显著为负，而且相比第（2）列，第（3）列的解释力度明显增加（ΔR^2=0.006，P<0.01）。检验结果与本章7.3.4中的结论基本一致，假设再次得到验证。

表7-13　　**更换因变量的测量指标稳健性检验结果**

变量	(1) 投入资本回报率 (ROIC)	(2) 投入资本回报率 (ROIC)	(3) 投入资本回报率 (ROIC)
FF		0.0211**	0.0331***
		(2.31)	(3.29)
FF^2		-0.0324***	-0.0526***
		(-3.49)	(-5.19)

① 全球著名管理咨询公司麦肯锡提出了价值投资最核心的指标ROIC，认为经营质量的最核心指标、最有效的盈利指标是ROIC。ROIC=税后营运收入/（总资本总财产-过剩现金-无息流动负债）。

续表

变量	(1) 投入资本回报率 (ROIC)	(2) 投入资本回报率 (ROIC)	(3) 投入资本回报率 (ROIC)
Competence			0.0117***
			(4.98)
FF×Competence			0.0217*
			(1.74)
FF^2×Competence			-0.00203*
			(-1.87)
Soe	-0.0119***	-0.0117***	-0.0129***
	(-4.73)	(-4.65)	(-5.16)
Size	0.0144***	0.0145***	0.0138***
	(10.12)	(10.14)	(9.71)
ROA	0.00516***	0.00517***	0.00516***
	(4.18)	(4.15)	(4.16)
Growth	0.00562***	0.00560***	0.00553***
	(3.75)	(3.73)	(3.68)
Lev	-0.0451***	-0.0410***	-0.0387***
	(-6.51)	(-5.24)	(-4.99)
HEU	0.000126**	0.000133**	0.000132**
	(2.15)	(2.26)	(2.24)
Capex	0.0109	0.0134	0.0158
	(0.65)	(0.80)	(0.96)
Tang	0.0177*	0.0166	0.0162
	(1.69)	(1.54)	(1.52)
CF	0.150***	0.149***	0.146***
	(8.70)	(8.66)	(8.65)

续表

变量	(1) 投入资本回报率 (ROIC)	(2) 投入资本回报率 (ROIC)	(3) 投入资本回报率 (ROIC)
TC	-0.0784***	-0.0799***	-0.0802***
	(-8.17)	(-8.21)	(-8.25)
Share	0.000338***	0.000330***	0.000316***
	(4.31)	(4.21)	(4.08)
Inp	0.000420***	0.000411***	0.000395***
	(4.96)	(4.82)	(4.67)
Indep	-0.0532***	-0.0535***	-0.0484**
	(-3.08)	(-3.10)	(-2.81)
Industry	控制	控制	控制
Year	控制	控制	控制
Constant	-0.281***	-0.282***	-0.282***
	(-7.72)	(-7.74)	(-7.76)
R^2	0.164	0.166	0.172
Adjusted R^2	0.160	0.161	0.167
N	7 758	7 758	7 758

注：***、**和*分别表示在1%、5%和10%水平上显著；括号内为经过公司聚类(Cluster)调整后的t值。

7.4 本章小结

从CFO核心胜任能力视角出发，基于产品市场和资本市场两方面来研究其对财务弹性决策经济后果的影响效应。首先，从产品竞争市场角度出发，考察企业财务弹性的竞争效应以及CFO核心胜任能力对企业财务弹性决策竞争效应的影响。其次，从资本市场角度出发，考察企业财务弹性对企业价值的影响以及CFO核心胜任能力对企业财务弹性决策价值效应的影响，通过刻画财务弹性收益和成本相权衡的综合模型，提出财务弹性与企业价值的非线性关系模型。

本章考察了CFO核心胜任能力对企业财务弹性决策竞争效应及价值效应的影响，主要可以概括为以下几点：（1）在财务弹性决策的竞争效应方面，企业财务弹性政策具有市场竞争效应，即企业储备财务弹性对企业的市场业绩产生显著的正向影响。CFO核心胜任能力强度具有显著的强化作用，即随着CFO核心胜任能力强度的增加，企业财务弹性决策的竞争效应呈现递增趋势。（2）财务弹性具有缓冲效应，同时也会带来代理冲突，财务弹性水平的提高在合理的范围内，有利于提升企业价值，当超出某一临界值之后，财务弹性对企业价值产生了负面影响，即财务弹性对企业价值影响关系并非简单的线性关系，而是一种倒U型的曲线关系，财务弹性对企业价值的影响是先升后降。（3）产品市场和资本市场等两大市场是企业做财务决策时的重要战略考量。无论是财务弹性决策带来的市场竞争效应还是价值效应，都表明财务弹性能为企业创造价值，然而，财务弹性是一把“双刃剑”，并非越大越好，根据委托代理理论，企业持有大量超额现金使得现金持有成本过高，保持过低负债也会带来负债融资成本，财务弹性水平过高，会带来过高的储备成本，占用了企业发展的资金资源，不利于企业的可持续增长，CFO核心胜任能力越强的企业越倾向于降低财务弹性，抑制财务弹性储备过高对企业价值的负向影响，积极实现财务弹性的价值最大化。

本章的研究价值主要体现在：第一，将CFO核心胜任能力与企业财务行为的经济后果相结合，有利于企业管理者更好地理解CFO核心胜任能力对企业的影响效应，拓展了CFO核心胜任能力的影响范畴。第二，通过分析财务弹性决策的竞争效应和价值效应，企业要从动态的角度，时刻关注财务弹性与内外部环境的匹配，结合自身状况合理确定适宜的财务弹性水平，防止因财务弹性过度而造成的资源浪费和效率低下，进一步提升企业产品市场竞争力，为创造企业价值提供经验参考。

第三，在考察财务弹性决策竞争效应以及价值效应的同时，将CFO核心胜任能力纳入一个理论框架中进行分析，揭示其对财务弹性决策竞争效应及价值效应的影响，对其中的作用机制进行了探讨和检验，有助于更好地认识财务弹性创造价值、提升绩效途径和背后的逻辑，丰富和补充了财务弹性经济后果的文献。

8 研究结论、政策建议与未来展望

8.1 研究结论

财务弹性是企业高管在经营活动中保持灵活性的一项财务决策，作为企业驾驭资本市场的核心竞争力之一，是企业实施风险管理的重要措施，具有非常重要的战略价值。风险控制界在经济新常态下的习惯做法是用风险管理把握环境的不确定性，用内部控制增强企业的确定性，用公司治理加强公司的稳定性。CFO是企业财务决策和风险管理的关键主体，面对企业经营环境的不确定性，依托CFO核心胜任能力，充分发挥其财务监督和战略支持职能履行，以加强风险管理、提升公司治理水平以及财务运作效率，对提高企业融资效率、资本配置效率乃至企业价值创造发挥着重要作用。本书在国家持续推进CFO能力框架构建的背景下，研究了CFO核心胜任能力对企业财务弹性决策的影响以及作用机理、经济后果。

为了研究CFO核心胜任能力对企业财务弹性决策的影响，需首先构建一个理论框架作为指导。为此，本书在对CFO制度及其胜任能力进行历史分析的基础上，根据CFO的履职目标和相关经验证据，基于胜任能力理论、高阶梯队理论、信息不对称理论、委托代理理论等多学科交叉融合的理论基础，着眼于非完全理性视角，利用手工搜集的CFO多维核心胜任能力独特数据集，依据“制度环境→影响效应→作用机理→经济后果”的逻辑思路，对中国制度背景下的CFO核心胜任能力与企业财务弹性的影响路径与机制、经济后果进行理论解释、数据分析以及假设验证。本书从CFO核心胜任能力的构建入手，通过“核心知识、技能以及职业价值观”三个层面从“财务专业能力、财务执行能力以及职业操守能力”三个维度刻画其能力指数，以衡量CFO核心胜任能力的广度特征。

本书以2009—2018年沪深两市A股上市公司为样本，考察了CFO核心胜任能力对企业财务弹性的影响效应、作用机理以及财务弹性决策带来的竞争效应和价值效应。通过研究，本书得出如下几个主要研究结论：

第一，CFO核心胜任能力与企业财务弹性水平呈负相关关系，即CFO核心胜任能力越强的企业，往往越倾向于储备较低的财务弹性；相对于非国有企业而言，国有企业的CFO核心胜任能力强度对财务弹性的负向影响更加显著，主要是因为国有企业的CFO（总会计师）有着特殊的地位和功能，有政府作为“后盾”，核心胜任能力强的CFO缓解融资约束的能力更易发挥，CFO核心胜任能力对财务弹性决策结果的影响较大；研究中发现，在对财务弹性样本进行不同的划分时，当企业面临的融资约束程度较严重以及面临的投资机会较好时，CFO核心胜任能力对企业财务弹性水平的负向影响更显著；CFO核心胜任能力对负债融资弹性的负向影响效应比较明显，核心胜任能力强的CFO确实可以通过缓解公司代理冲突和融资约束来降低企业财务弹性水平。研究表明，CFO核心胜任能力是影响财务弹性水平的一个重要因素。

第二，从产品市场和资本市场角度出发，引入企业截面特征（产品市场地位和融资约束）因素，以理论剖析这些因素对CFO核心胜任能力与财务弹性决策两者间的影响。产品市场竞争地位在CFO核心胜任能力与财务弹性之间发挥着调节效应，当企业的产品市场地位较高时，CFO核心胜任能力使企业具有更高的外部融资能力，降低了企业储备财务弹性水平，弱化了企业通过现金持有获得财务弹性；融资约束在CFO核心胜任能力与财务弹性之间发挥着中介传导效应，CFO核心胜任能力与融资约束都是财务弹性的影响因素，在企业财务弹性决策的过程中，融资约束作为一个中介变量影响着企业财务弹性。

第三，考察了CFO核心胜任能力对企业财务弹性决策竞争效应及价值效应的影响。在财务弹性决策的竞争效应方面，企业财务弹性政策具有市场竞争效应，即企业储备财务弹性对企业的市场业绩产生显著的正向影响。CFO核心胜任能力强度具有显著的强化作用，即随着CFO核心胜任能力强度的增加，企业财务弹性决策的竞争效应呈现递增趋势；在财务弹性决策的价值效应方面，已有研究认为储备的财务弹性对企业价值存在正效应，而且在危机期间表现得更显著，但也有表现为负效应的情况，本书通过刻画财务弹性收益和成本相权衡的综合模型，提出财务弹性与企业价值的非线性关系模型，检验发现，财务弹性水平的提高在合理的范围内，有利于提升企业价值，当超出某一临界值之后，财务弹性对企业价值反而产生了负面影响，即财务弹性对企业价值的影响关系并非静态和简单的线性关系，而是一种倒U型的曲线关系，财务弹性对企业价值的影响是先升后降。

第四，产品市场和资本市场等两大市场是企业做财务决策时的重要战略考量。无论是财务弹性决策带来的市场竞争效应还是价值效应，都表明财务弹性能为企业创造价值，然而，财务弹性是一把“双刃剑”，并非越大越好，根据委托代理理论，企业持有超额现金过多将会带来现金持有成本的增加，保持过低负债也会带来负债融资成本，财务弹性水平过高，会带来过高的储备成本，占用了企业发展的资金资源，某种程度上不利于企业的可持续增长，CFO核心胜任能力越强的企业越倾向于降低财务弹性储备水平，抑制财务弹性储备过高对企业价值的负向影响，积极实现财务弹性的价值最大化。

8.2 政策建议

本书以中国总会计师协会发布的《中国总会计师（CFO）能力框架》（2019）为契机，通过刻画CFO核心胜任能力的测度维度，实现对其量化。本书研究了CFO核心胜任能力对企业财务弹性决策的影响、作用机理及其经济后果，提出了若干新的见解和发现。因此，本书的研究对于CFO制度建设以及企业财务弹性决策方面具有重要的参考价值。

基于前文的分析及研究结论，下面分别从不同的角度提出若干具有针对性的政策建议。

第一，在顶层设计层面构建与完善我国CFO制度。顶层设计层面指的是从国家和政府层面着手推进，建设适合我国国情的CFO制度，完善和修订法律、法规，主要涉及与CFO相关的法律、法规的修订，包括《公司法》《会计法》《总会计师条例》。总会计师制度已经过去，现代CFO制度已经来临，为了迎合去行政化，建议将《总会计师条例》修订为《CFO条例》，在修订、完善法律、法规的同时，要加强CFO群体建设和行业自律性管理，构建全国性的CFO社会团体（行业协会），严格行业准入制度和考评退出机制。

第二，在公司治理框架内提升CFO的公司治理和公司管理地位。作为一项重要的内部治理机制，CFO在公司治理中发挥着重要作用。CFO在公司独特的管理地位和治理地位，需要有规范的公司治理结构作为其胜任能力的前提条件，进一步提升其在企业内的治理地位。进入董事会并赋予其与治理地位相匹配的权责，股东会和董事会要赋予CFO财务监督权限，释放CFO参与决策的影响力，与CEO等管理层其他成员形成制约、监督和动态制衡关系，建立财务监管分离体制，以规避"内部人控制"和"道德风险"的部分责任，进而满足产权所有者股东对经理层的监督，增强公司资本运营和价值创造的能力，实现股东价值最大化。

第三，依托CFO胜任能力推行CFO选聘机制和激励奖惩机制。CFO核心胜任能力是发挥其专业管理、决策支持、参与战略和财务监督职能的基础，建议依托胜任能力特征推进董事会市场化甄别和选聘CFO

的实现方式，依托CFO制度和完善的行业自律管理体系，建立职业经理人市场人才库，形成以胜任能力为导向的考核机制，推动CFO职业市场化、契约化、规范化。同时，通过加强CFO职业道德遵从和职业生涯关注的管理，建立CFO行业声誉机制和诚信管理体系，培育CFO职业操守能力，扩大财务影响力。同时也有利于激励CFO充分发挥财务监督和战略支持职能，构筑科学合理的公司治理结构。

第四，企业应重视和树立适度储备财务弹性的观念。经营环境不确定性已成为企业生存发展中面临的常态化问题，也正因为不确定性，财务弹性的价值才凸显出来，因此，无论理论界还是实务界都应当重视财务弹性。企业要从动态的角度，时刻关注财务弹性与企业内外部环境的匹配，根据自身情况合理确定适宜的财务弹性储备水平，评价财务弹性的边际价值。当财务弹性边际价值降低时，要释放财务弹性，防止因管理者的自利行为而滥用财务弹性储备，造成资源浪费和效率损失，最大限度地发挥财务弹性的积极作用，提高企业的融资效率和投资效率，从而保证企业价值最大化。

第五，建立财务弹性决策与公司治理机制协调发展机制。本书的研究表明财务弹性在一定程度上能够给企业带来竞争效应和价值效应，但超额现金持有和剩余举债能力这两种储备财务弹性的方式都会给企业带来严重的代理问题，代理成本的存在削弱了财务弹性对企业价值的正向作用。所以，应当充分考虑公司治理机制的影响，发挥CFO等治理有效性，降低信息不对称的程度，兼顾提高治理机制水平与财务弹性决策的协调，通过完善治理机制合理确定企业财务弹性决策，提高财务弹性使用的效率，增强股东与代理人目标利益的协同，遏制职业经理人的自利行为，实现公司价值创造最优化。

8.3 研究局限及未来研究展望

随着研究的深入，学者们关注的焦点逐渐转移到如何更加准确地进行财务弹性的测度，如何准确报告分析财务弹性及财务弹性决策的经济后果等方面。尽管做了一些努力，但由于作者能力水平有限，以及研究主题的限制等客观性原因，本书的研究也存在着一些局限性，可在未来进行相关后续深入拓展研究，具体如下：

第一，企业财务弹性测度的全面性和准确性问题。本书按照主流文献方法，结合我国资本市场的特点分析了财务弹性以及现金弹性、负债融资弹性等方面的影响，但并未涵盖财务弹性的所有方面。比如，弱化了股权融资弹性（权益融资弹性），随着我国市场化进程的加快，上市公司股权再融资资格受到的严格管制及约束条件可能会不断放松，必将有更多的企业能在拥有权益融资能力的同时也拥有权益融资弹性。未来可以通过跨学科的交叉研究，建立综合模型来科学测度企业财务弹性，以期深入研究相关问题。

第二，企业财务弹性的适度性或最优值问题。从财务弹性的价值效应看，企业存在目标财务弹性，那么，企业保持财务弹性的适度值或最优值该如何准确判断？从财务弹性的构成看，财务弹性主要由现金弹性和负债融资弹性构成，那么，财务弹性的各组成部分的最优比例是多少？不同类别企业、不同企业生命周期如何确定合理的总量最优弹性和分量最优弹性？与之对应的是，如何采取监督措施降低财务弹性储备带来的委托代理问题，这些都是具有实践意义的课题，需要未来探索。

第三，受研究视角、数据来源等限制，财务风险、治理机制、投资机会等代理变量选择上可能会存在一定程度的偏差，对企业治理水平的衡量未必准确；企业截面特征差异相对选取产品市场地位和融资约束进行研究，可能略显不足；仅选择融资约束作为CFO核心胜任能力对财务弹性影响传导机制的一个代表性方面，可能不够全面。未来需要更全面地挖掘财务弹性的内在作用机理，考察其中的本质问题。

第四，CFO核心胜任能力对财务弹性决策产生的其他经济后果的影响需要进一步研究。CFO核心胜任能力对财务弹性决策经济后果的研究，本书主要从产品市场和资本市场角度出发，目前仅考虑到其带来的竞争效应和价值效应两个方面，除了影响资本市场和产品市场，可能还会影响劳动力市场这个新兴领域（如雇用风险）。另外，对于其他经济后果的研究如投融资行为、企业成长性等方面，限于文章篇幅和体系问题没有涉及，这也将是值得后续研究的问题。

附录

在模型（7–6）中，检验CFO核心胜任能力对财务弹性决策与企业价值之间的调节作用。其分析推导过程如下：

$$Tobin's Q_{i,t} = \beta_0 + \beta_1 FF_{i,t} + \beta_2 FF^2_{i,t} + \beta_3 Competence_{i,t} + \beta_4 FF_{i,t} \times Competence_{i,t} + \beta_5 FF^2_{i,t} \times Competence_{i,t} + \beta_6 \sum Control_{i,t} + \sum Year + \sum Industry + \varepsilon_{i,t}$$

将财务弹性（FF）和财务弹性的平方项（FF^2）引入模型后，曲线的转折点（拐点）为：

$$财务弹性 FF^* = \frac{-\beta_1 - \beta_4 \times Competence}{2\beta_2 + 2\beta_5 \times Competence} \quad (1)$$

显然，在式（1）中，转折点（拐点）的位置随着CFO核心胜任能力（Competence）的变化而变化，对其求导数，可以得到：

$$\frac{\partial FF^*}{\partial Competence} = \frac{\beta_1\beta_5 - \beta_2\beta_4}{2(\beta_2 + \beta_5 \times Competence)^2} \quad (2)$$

当式（2）不等于0时，曲线的转折点（拐点）将发生移动。

由于$2(\beta_2 + \beta_5 \times Competence)^2$的值始终大于0，所以$\beta_1\beta_5 - \beta_2\beta_4$值的情况决定了式（2）的符号方向。

因此，当$\beta_1\beta_5 - \beta_2\beta_4$大于0时，转折点（拐点）向右侧移动；当$\beta_1\beta_5 - \beta_2\beta_4$小于0时，转折点（拐点）向左侧移动。

参考文献

[1] Adams R B, Almeida H, Ferreira D. Powerful CEOs and Their Impact on Corporate Performance [J]. Review of Financial Studies, 2005, 18 (4): 1403-1432.

[2] AICPA. Exposure Draft: Disclosure of Certain Significant Risks and Uncertainties and Financial Flexibility [M]. New York: American Institute of Certified Public Accountants, 1993: 1-64.

[3] AICPA. Core Competence Framework for Entry into Accounting Profession [EB/OL]. New York. www.aicpa.org, 1999.

[4] Aier J K, Comprix J, Gunlock M T, et al. The financial expertise of CFOs and accounting restatements [J]. Accounting Horizons, 2005, 19 (3): 123-35.

[5] Akerlof, George A. The Market for Lemons: Quality Uncertainty and the Market of Economics [J]. The Quarterly Journal of Economics, 1970, 84 (3): 488-500.

[6] Almeida H, Campello M, Weisbach M S. The Cash Flow Sensitivity of Cash [J]. Journal of Financial Studies, 2010, 23 (1): 247-269.

[7] Ang J, Smedema A. Financial flexibility: Do firms prepare for recession? [J]. Journal of Corporate Finance, 2011, 17 (3):

774-787.

[8] Arslan-Ayaydin, Özgür, Florackis C, Ozkan A. Financial Flexibility, Corporate Investment and Performance: Evidence from Financial Crises [J]. Review of Quantitative Finance and Accounting, 2014, 42 (2): 211-250.

[9] Bancel F , Mittoo U R . The Determinants of Capital Structure Choice: A Survey of European Firms [J]. Financial management, 2004, 33 (4): 103-132.

[10] Baron R M, Kenny D A. The moderator-mediator variable distinction in social psychological research: Conceptual, strategic, and statistical considerations [J] . Journal of Personality and Social Psychology, 1986, (51): 1173-1182.

[11] Bates T W , Kahle K M , Stulz, René M. Why Do U.S. Firms Hold so Much More Cash than They Used to? [J]. The Journal of Finance, 2009, 64 (5): 1985-2021.

[12] Beck M J, Mauldin E G. Who's Really in Charge? Audit Committee versus CFO Power and Audit Fees [J]. Accounting Review, 2014, 89 (6), 2057-2085.

[13] Bedard J C, Hoitash R, Hoitash U. Chief Financial Officers as Inside Directors [J]. Contemporary Accounting Research, 2014, 31 (3): 787-817.

[14] Billett, M T, Garfinkel, J A. Financial Flexibility and the Cost of External Finance for U. S. Bank Holding Companies [J]. Journal of Money Credit & Banking, 2004, 36 (5): 827-852.

[15] Bishop C C, DeZoort F T, Hermanson D R. The effect of CEO social influence pressure and CFO accounting experience on CFO financial reporting decisions [J]. Auditing: A Journal of Practice & Theory, 2017, 36 (1): 21-41.

[16] Bonaimé, Alice A, Hankins K W, Harford J. Financial Flexibility, Risk Management, and Payout Choice [J]. Review of Financial Studies, 2014, 27 (4): 1074-1101.

[17] Bonaimé, Alice A, Hankins, K W, Jordan, Bradford D. The cost of financial flexibility: Evidence from share repurchases [J]. Journal of Corporate Finance, 2016, 38 (2): 345-362.

[18] Booth L, Wang M, Zhou J. Import competition and financial flexibility:

Evidence from corporate payout policy [J]. International Review of Economics and Finance, 2019, 63 (5), 382-396.

[19] Boyatzis R E. The Competent Manager: A Model for Effective Performance [M]. New York: Wiley, 1982.

[20] Brav A, Graham J R, Campbell R H, et al. Payout policy in Bushman R M, Dai Z, Wang X. Risk and CEO Turnover [J]. Social Science Electronic Publishing, 2010, 96 (3): 381-398.

[21] Byoun S. Financial Flexibility and Capital Structure Decision [J]. Social Science Electronic Publishing, 2011.

[22] Campello M, Graham J R, Harvey C R. The Real Effects of Financial Constraints: Evidence from a Financial Crisis [J]. Journal of Financial Economics, 2010, 97 (3): 470-487.

[23] Chava S, Purnanandam A. CEOs versus CFOs: Incentives and Corporate policies [J]. Journal of Financial Economics, 2010, 97 (2): 263-278.

[24] Ciamarra E S. Monitoring by Affiliated Bankers on Board of Directors: Evidence from Corporate Financing Outcomes [J]. Financial Management, 2012, 41 (3): 665-702.

[25] Daniel N D, Denis D J, Naveen L. Dividends, Investment, and Financial Flexibility [J]. SSRN Electronic Journal, 2007.

[26] DeAngelo H, DeAngelo L. Capital Structure, Payout Policy, and Financial Flexibility [J]. Social Science Electronic Publishing, 2007.

[27] DeAngelo H, Goncalves A S, René M. Corporate Deleveraging and Financial Flexibility [J]. The Review of Financial Studies, 2018, 31 (8): 3122-3174.

[28] Denis D J. Financial flexibility and corporate liquidity [J]. Journal of Corporate Finance, 2011, 17 (3): 667-674.

[29] Dittmar A, Mahrt-Smith J. Corporate governance and the value of cash holdings [J]. Journal of Financial Economics, 2007, 83 (3): 599-634.

[30] Dittmar A, Servaes M S. International Corporate Governance and Corporate Cash Holdings [J]. The Journal of Financial and Quantitative Analysis, 2003, 38 (1): 111-133.

[31] Duchin R. Cash Holdings and Corporate Diversification [J]. The Journal of Finance, 2010, 65 (3): 955-992.

[32] Fama E F, Jensen M C. Agency Problems and Residual Claims [J]. The Journal of Law and Economics, 1983, 26 (2): 327-349.

[33] Fama E F, French K R. Taxes, Financing Decisions, and Firm Value [J]. Journal of Finance, 1998, 53 (2): 819-843.

[34] FASB. SFAC No. 5: Recognition and Measurement in the Financial Statements of Business Enterprises [M]. New York: Financial Accounting Standard Board, 1984: CON 5-11.

[35] Faulkender M, Wang R.Corporate Financial Policy and the Value of Cash [J]. Journal of Finance, 2006, 61 (4): 1957-1990.

[36] Fazzari S, Hubbard R G, Petersen B C. Financing Constraints and Corporate Investment [J]. Brookings Paper on Economic Activity, 1988, 26 (1): 141-195.

[37] Feng M, Ge W, Luo S, et al. Why do CFOs become involved in material accounting manipulations? [J]. Journal of Accounting and Economics, 2011, 51 (1): 21-36.

[38] Finkelstein S. Power in Top Management Teams: Dimensions, Measurement, and Validation [J]. Academy of Management Journal, 1992, 35 (3): 505-538.

[39] Finkelstein S. Hambrick D C. Top Management Team tenure and organizational outcomes: The moderating role of managerial discrection [J]. Administrative Science Quarterly, 1990, 35 (3): 481-503.

[40] Florackis C. Agency costs and corporate governance mechanisms: evidence for UK firms [J]. International Journal of Managerial Finance, 2008, 4 (1): 37-59.

[41] Florackis C, Sainani S. How Do Chief Financial Officers Influence Corporate Cash Policies? [J]. Journal of Corporate Finance, 2018, 52 (8): 168-191.

[42] Frank Murray Z, Goyal Vidhan K. Capital Structure Decisions: Which Factors are Reliably Important? [J]. Social Science Electronic Publishing, 2009, 38 (1): 1-37.

[43] Freedman L S, Arthur S. Sample Size for Studying Intermediate Endpoints within Intervention Trials or Observational Studies [J]. American Journal of Epidemiology, 1992, 36 (9): 1148-1159.

[44] Frésard L. Financial Strength and Product Market Behavior: The Real Effects of Corporate Cash Holdings [J]. The Journal of Finance, 2010,

65 (3): 1097-1122.

[45] Gamba A, Triantis A. The Value of Financial Flexibility [J]. The Journal of Finance, 2008, 63 (5): 2263-2296.

[46] Ge W, Matsumoto D, Zhang J L. Do CFOs have style? An empirical investigation of the effect of individual CFOs on accounting practices [J]. Contemporary Accounting Research, 2011, 28 (4) : 1141-1179.

[47] Geiger M, North D. Does Hiring a New CFO Change Things? An Investigation of Changes in Discretionary Accruals [J]. The Accounting Review, 2006, 81 (4): 781-809.

[48] Graham J R, Harvey C R. The Theory and Practice of Corporate Finance: Evidence from the Field [J]. Journal of Financial Economics, 2001, 60 (2): 187-243.

[49] Graham J R, Harvey C R, Rajgopal S. The economic implications of corporate financial reporting [J]. Journal of Accounting and Economics, 2005, 40 (1-3): 3-73.

[50] Grant A M, Schwartz B. Too much of a good thing the challenge and opportunity of the inverted U [J]. Perspectives on Psychological Science, 2011, 6 (1), 61-76.

[51] Grossman S J, Hart O D. An Analysis of the Principal-Agent Problem [J]. Econometrica, 1992, 51 (1): 7-45.

[52] Hadlock C J, Pierce J R. New Evidence on Measuring Financial Constraints: Moving Beyond the KZ Index [J]. Review of Financial Studies, 2010, 23 (5): 1909-1940.

[53] Hambrick D C, Mason P A. Upper Echelons: The Organization as a Reflection of its Top Managers [J]. The Academy of Management Review, 1984, 9 (2): 193-206.

[54] Harford J, Klasa S, Walcott N. Do Firms Have Leverage Targets? Evidence from Acquisitions [J]. Journal of Financial Economics, 2009, 93 (1): 1-14.

[55] Hoberg G, Phillips G, Prabhala N. Product Market Threats, Payouts, and Financial Flexibility [J]. The Journal of Finance, 2014, 69 (1): 293-324.

[56] Howatt B, Zuber R A, Lamb J M G R P. Dividends, earnings volatility and information [J]. Applied Financial Economics, 2009, 19 (7): 551-562.

[57] Hoitash U, Hoitash R, Bedard J C. Corporate governance and internal control over financial reporting: A comparison of regulatory regimes [J]. The Accounting Review, 2009 (3): 839-67.

[58] Hoitash R , Hoitash U , Kurt A C . Do accountants make better chief financial officers? [J]. Journal of Accounting and Economics, 2016, 61: 414-432.

[59] Indjejikian R, Matejka M. CFO Fiduciary Responsibilities and Annual Bonus Incentives [J]. Journal of Accounting Research, 2009, 47 (4): 1061-1093.

[60] Jensen M C, Meckling W H. Theory of the Firm: Managerial Behavior, Agency Costs and Ownership Structure [J]. Journal of Financial Economics, 1976, 3 (4): 305-360.

[61] Jian M, Lee K W. Does CEO Reputation Matter for Capital Investments? [J]. Journal of Corporate Finance, 2011, 17 (4): 929-946.

[62] Jiang G, Lee C M C, Yue H. Tunneling through intercorporate loans: The China experience [J]. Journal of Financial Economics, 2010, 98 (1): 1-20.

[63] Jiang J, Petroni K R, Wang I Y. CFOs and CEOs: Who have the most influence on earnings management? [J] . Journal of Financial Economics, 2010, 96 (3): 513-526.

[64] Kaplan S N, Zingales L. Do Investment-cash Flow Sensitivities Provide Useful Measures of Financing Constraints [J]. Quarterly Journal of Economic, 1997, 112 (21): 169-215.

[65] Khan S A. Do Chief Financial Officers' Outside Board Directorships Influence Firms' Accounting and Financial Policies? [J] . Social Science Electronic Publishing, 2014.

[66] Killi A M, Rapp M S, Schmid T. Can Financial Flexibility Explain the Debt Conservatism Puzzle? Cross-Country Evidence from Listed Firms [J]. Social Science Electronic Publishing, 2011.

[67] Kim J B, Li Y, Zhang L. CFOs versus CEOs: Equity Incentives and Crashes [J]. Journal of Financial Economics, 2011, 101 (3): 713-730.

[68] Koulopoulos T M, Spinello R A, Wayne T. Corporate Instinct: Building a Knowing Enterprise for the 21st Century [M]. New York: Wiley, 1997.

[69] Kusnadi Y. Do corporate governance mechanisms matter for cash

holdings and firm value? [J]. Pacific-Basin Finance Journal, 2011, 19 (5): 554-570.

[70] Lambrinoudakis C, Skiadopoulos G S, Gkionis K. Capital Structure and Financial Flexibility: Expectations of Future Shocks [J]. Journal of Banking and Finance, 2019, 104 (3): 1-18.

[71] Lennox C, Pittman J A. Big Five Audits and Accounting Fraud [J]. Contemporary Accounting Research, 2010, 27 (1): 209-247.

[72] Lind J T, Mehlum H. With or Without U? The Appropriate Test for a U-Shaped Relationship [J]. Oxford Bulletin of Economics and Statistics, 2010, 72 (1): 109-118.

[73] Lins K V, Servaes H, Tufano P. What drives corporate liquidity? An international survey of cash holdings and lines of credit [J]. Journal of Financial Economics, 2010, 98 (1): 160-176.

[74] Liu X. Corruption Culture and Corporate Misconduct [J]. Journal of Financial Economics, 2016, 122 (2): 307-327.

[75] Liu Y, Mauer D C. Corporate cash holdings and CEO compensation incentives [J]. Journal of Financial Economics, 2011, 102 (1): 183-198.

[76] Mackinnon D P, Lockwood C M, Hoffman J M, et al. A comparison of methods to test mediation and other intervening variable effects [J]. Psychological Methods, 2002, 7 (1): 83-104.

[77] Matejka, Michal, CFO compensation and incentives survey [J]. Working paper, The University of Michigan, 2007.

[78] Marchica M T, Mura R. Financial Flexibility, Investment Ability and Firm Value: Evidence from Firms with Spare Debt Capacity [J]. Financial Management, 2010, 39 (4): 1339-1365.

[79] McClelland D C. Identifying Competence with Behavioral Event Interviews [J]. Psychological Science, 1998, (9): 331-339.

[80] Mian S. On the Choice and Replacement of Chief Financial Officers [J]. Journal of Financial Economics, 2011, 60 (1): 143-175.

[81] Mobbs S. Chief financial officer board membership: Causes and consequences [J]. SSRN working paper. 2014.

[82] Myers S C, Majluf N S. Corporate financing and investment decisions when firms have information that investors do not have [J]. Social Science Electronic Publishing, 1984, 13 (2): 187-221.

[83] Myers S C，Rajan R G. The Paradox of Liquidity [J]. Quarterly Journal of Economics，1998，113 (3)：733-771.

[84] Nakano M，Nguyen P. Board Size and Corporate Risk Taking：Further Evidence From Japan [J]. Corporate Governance：An International Review，2012，20 (4)：369-387.

[85] Opler T，Pinkowitz L，René Stulz，et al. The determinants and implications of corporate cash holdings [J]. Nber Working Papers，1999，52 (1)：3-46.

[86] Pinkowitz L，Stulz R M，Williamson R. Does the contribution of corporate cash holdings and dividends to firm value depend on governance? Acorss-country analysis [J]. Journal of Finance，2006，61 (6)：2725-2751.

[87] Price M，Norris D M. White-collar crime：corporate and securities and commodities fraud [J]. Journal of the American Academy of Psychiatry and the Law Online，2009，37 (4)：538-544.

[88] Price Waterhouse. Coopers Financial and Cost Management Team. CFO：Architect of the Corporations' Future [M]. John Wiley and Sons，1999：26.

[89] Ramezani，Cyrus A. Financial constraints，real options and corporate cash holdings [J]. Managerial Finance，2011，37 (12)：1137-1160.

[90] Rapp M S，Schmid T，Urban D. The value of financial flexibility and corporate financial policy [J]. Journal of Corporate Finance，2014，29 (8)：288-302.

[91] Rousseeuw P J. Silhouettes：a graphical aid to the interpretation and validation of cluster analysis [J]. Journal of Computational and Applied Mathematics，1987，20 (11)：53-65.

[92] Robert E. Lucas J R. Expectations and the Neutrality of Money [J]. Journal of Economic Theory，1972 (4)：103-124.

[93] Shleifer A，Vishy R W. A survey of corporate governance [J]. The Journal of Finance，1997，52 (2)：737-783.

[94] Spencer L M，Spencer S M.Competence at work：Model for superior performance [M]. New York：John filet & Sons，1993.

[95] Stacey Alicia Estwick. The impact of principal-principal con fl ict on financial fl exibility：A Case of Caribbean Firms [J]. Qualitative Research in Financial Markets，2016 (8)：305-329.

[96] Tesler L G. Cutthroat Competition and Long Purse [J]. Journal of Law and Economics, 1966, 9 (5): 259-277.

[97] Trzeciakiewicz A. CEO′s Power of Influence onBoard of Directors and its Impact on Capital Structure. Working Paper, 19th Annual Conference Multinational Finance Society, Krakow/Poland, 2012, 24-26 June.

[98] Viral V, Almeida A H, Campello M. Is Cash Negative Debt? A Hedging Perspective on Corporate Financial Policies [J]. Journal of Financial Intermediation, 2007, 16 (4): 515-554.

[99] Walther T, Johansson H, Dunleavy J, et al. Reinventing the CFO: Moving from Financial Management to Strategic Management [J]. NY: America McGraw-Hill, 1997.

[100] Whited T M, Riddick L A. The Corporate Propensity to Save [J]. The Journal of Finance, 2007, 64 (4): 1729-1766.

[101] Xian Gu, Iftekhar Hasan, Yun Zhu. Political influence and financial flexibility: Evidence from China [J]. Journal of Journal of Banking and Finance, 2019, 99 (2): 142-156.

[102] Zeff S A. The Rise of "Economic Consequences" [J]. Journal of Accountancy. 1978, 146 (6): 56-63.

[103] Zingales L. Survival of the Fittest or the Fattest? Exit and Financing in the Trucking Industry [J]. The Journal of Finance, 1999, 53 (3): 905-938.

[104] 鲍群，于博，盛明泉. 财务柔性、供应链关系与企业价值——基于新常态背景的实证检验 [J]. 现代财经，2017 (10): 90-102.

[105] 陈汉文，刘思义. CFO排序、产权属性与CFO管理职能 [J]. 新会计，2016 (11): 8-15.

[106] 陈仕华，卢昌崇. 国有企业党组织的治理参与能够有效抑制并购中的“国有资产流失”吗? [J]. 管理世界，2014 (5): 106-120.

[107] 陈志斌，王诗雨. 产品市场竞争对企业现金流风险影响研究——基于行业竞争程度和企业竞争地位的双重考量 [J]. 中国工业经济，2015 (3): 96-108.

[108] 崔也光，由晓玮. 财务柔性政策选择与研发投入——基于企业技术水平的调节效应 [J]. 首都经济贸易大学学报，2019 (5): 92-102.

[109] 戴璐，汤谷良. 财务负责人的公司治理角色与战略管理角色冲突——基于调查问卷的分析 [J]. 审计与经济研究，2009 (4): 6-10.

[110] 邓传洲，赵春光，郑德渊．职业会计师能力框架研究［J］．会计研究，2004（6）：31-35.

[111] 邓建平，曾勇．金融生态环境、银行关联与债务融资——基于我国民营企业的实证研究［J］．会计研究，2011（12）：33-40.

[112] 邓康林，刘名旭．环境不确定性、财务柔性与上市公司现金股利［J］．财经科学，2013（2）：46-55.

[113] 董理，茅宁．公司成熟度、剩余负债能力与现金股利政策——基于财务柔性视角的实证研究［J］．财经研究，2013（11）：59-68.

[114] 杜颖洁，杜兴强．银企关系、政治联系与银行借款——基于中国民营上市公司的经验证据［J］．当代财经，2013（2）：108-118.

[115] 杜勇，谢瑾，陈建英．CEO金融背景与实体企业金融化［J］．中国工业经济，2019（5）：136-154.

[116] 杜胜利．构建CFO管理模型及其价值管理系统框架［J］．会计研究，2004（6）：36-41.

[117] 杜胜利．首席财务官制度与现代企业治理［J］．中国总会计师，2010（9）：30-33.

[118] 杜胜利．CFO管理前沿：价值管理系统框架模型［M］．北京：中信出版社，2013.

[119] 刚成军．国有企业财务负责人任职能力框架及其评级体系研究［M］．北京：中国财政经济出版社，2017.

[120] 高智林，陈艳．公司战略偏离度、CFO财务执行力与公司现金持有水平［J］．经济经纬，2020（2）：115-124.

[121] 葛家澍，占美松．企业财务报告分析必须着重关注的几个财务信息——流动性、财务适应性、预期现金净流入、盈利能力和市场风险［J］．会计研究，2008（5）：3-9.

[122] 顾乃康，万小勇，陈辉．财务弹性与企业投资的关系研究［J］．管理评论，2010（6）：28-35.

[123] 韩鹏．财务弹性、财务杠杆与公司价值——来自中小企业板的经验证据［J］．理论月刊，2010（4）：157-160.

[124] 韩忠雪，周婷婷．产品市场竞争、融资约束与公司现金持有——基于中国制造业上市公司的实证分析［J］．南开管理评论，2011（4）：149-160.

[125] 何凡，张欣哲，郑珺．CEO权力、CFO背景特征与会计信息质量［J］．中南财经政法大学学报，2015（5）：108-116.

[126] 何瑛，张大伟．管理者特质、负债融资与企业价值［J］．会计研究，2015（8）：65-72.

[127] 胡立新，闫浩．我国CFO需求信息分析及对会计专业人才培养建议——基于《IMA管理会计胜任能力框架》的分析［J］．商业会计，2018（3）：107-109.
[128] 黄继承，姜付秀．产品市场竞争与资本结构调整速度［J］．世界经济，2015（7）：99-109.
[129] 蒋德权，姚振晔，陈冬华．财务总监地位与企业股价崩盘风险［J］．管理世界，2018（3）：153-166.
[130] 姜付秀，屈耀辉，陆正飞，等．产品市场竞争与资本结构动态调整［J］．经济研究，2008（4）：99-110.
[131] 姜付秀，朱冰，唐凝．CEO和CFO任期交错是否可以降低盈余管理？［J］．管理世界，2013（1）：158-167.
[132] 姜英兵．上市公司财务灵活性分析［J］．经济管理，2004（10）：62-68.
[133] 黎来芳，张伟华，陆琪睿．会计信息质量对民营企业债务融资方式的影响研究——基于货币政策的视角［J］．会计研究，2018（4）：66-72.
[134] 李沁洋，赵阳，胡珺．董事高管责任保险、财务弹性与企业投资效率［J］．浙江工商大学学报，2018（2）：85-98.
[135] 李朔，佟成生．管理会计时代企业CFO胜任力模型缺口研究——基于中国企业CFO的调查问卷分析［J］．财务与会计，2017（14）：7-9.
[136] 李四海，江新峰，宋献中．CFO专业背景与交易性金融资产投资［J］．世界经济文汇，2017（5）：91-116.
[137] 李雪松，叶子祺，韩亮亮．产权性质、CFO审计背景与会计稳健性［J］．财经问题研究，2019（5）：80-86.
[138] 李玥，郭泽光，李成友，等．财务柔性对资本结构及其动态调整的影响分析——基于我国A股上市公司经验数据［J］．审计与经济研究，2019（1）：66-74.
[139] 林大庞，苏冬蔚．CEO与CFO股权激励的治理效应之比较：基于盈余管理的实证研究［J］．南方经济，2012（6）：15-31.
[140] 刘嫦，孙洪锋，李丽丹．财务柔性是否强化了公司的成本粘性？［J］．中央财经大学学报，2020（8）：61-72.
[141] 刘端，周有德，陈收，等．基于融资受限和对冲需求的企业现金持有政策在产品市场竞争中的作用［J］．系统工程，2011（2）：63-73.
[142] 刘名旭，向显湖．环境不确定性、企业特征与财务柔性［J］．宏观经济研究，2014（4）：127-134.
[143] 刘婷，郭丽虹．银行授信、财务弹性与过度投资［J］．国际金融研究，2015（6）：53-64.

[144] 刘志远，王勇，靳光辉. 现金持有在产品市场竞争中的威慑效应——基于中国制造业上市公司的实证分析 [J]. 系统工程，2013 (2): 1-12.

[145] 卢盛峰，陈思霞. 政府偏袒缓解了企业融资约束吗？——来自中国的准自然实验 [J]. 管理世界，2017 (5): 51-65.

[146] 路军伟，王甜甜，卜小霞. CFO与董秘兼任能提高财报质量吗？——基于形式质量和实质质量的双重视角 [J]. 现代财经，2019 (12): 81-96.

[147] 陆正飞，韩非池. 宏观经济政策如何影响公司现金持有的经济效应?——基于产品市场和资本市场两重角度的研究 [J]. 管理世界，2013 (6): 43-60.

[148] 罗栋梁，刘凡，焦雨蒙. 高管团队垂直对特征、财务弹性与企业价值创造 [J]. 南京审计大学学报，2019 (4): 31-41.

[149] 吕文栋，赵杨，韦远. 论弹性风险管理——应对不确定情境的组织管理技术 [J]. 管理世界，2019 (9): 116-132.

[150] 马春爱，易彩. 管理者过度自信对财务弹性的影响研究 [J]. 会计研究，2017 (7): 75-81.

[151] 马春爱. 中国上市公司的非效率投资研究: 一个财务弹性的视角 [J]. 财贸研究，2011 (2): 144-148.

[152] 宁美军，张东旭，赵西卜，等. 财务总监财务执行力对财务报告质量的影响研究——基于资源异质性和社会网络双重视角 [J]. 财务研究，2018 (6): 56-65.

[153] 潘迪，马元驹. 财务柔性储备对资本投向的影响研究 [J]. 财经论丛，2018 (8): 65-74.

[154] 潘海英，胡庆芳，方洁. 金融危机、财务弹性与企业价值——基于融资约束视角 [J]. 工业技术经济，2019 (4): 116-125.

[155] 彭情，郑宇新. CFO兼任董秘降低了股价崩盘风险吗——基于信息沟通与风险规避的视角 [J]. 山西财经大学学报，2018 (4): 49-61.

[156] 彭胜志，马小红. 财务弹性、管理者过度自信与现金股利——基于沪深A股上市公司的实证分析 [J]. 经济问题，2020 (6): 103-109.

[157] 邱静. 货币政策、财务柔性与企业投资效率 [J]. 社会科学家，2016 (4): 55-60.

[158] 权小锋，吴世农. CEO权力强度、信息披露质量与公司业绩的波动性——基于深交所上市公司的实证研究 [J]. 南开管理评论，2010 (4): 142-153.

[159] 饶品贵，姜国华. 货币政策对银行信贷与商业信用互动关系影响研究 [J]. 经济研究，2013 (1): 68-82.

[160] 任宏达，王琨. 产品市场竞争与信息披露质量——基于上市公司年报文本分析的新证据 [J]. 会计研究，2019 (3): 32-39.

[161] 上海国家会计学院. 成为胜任的CFO:《中国CFO能力框架》研究报告[M]. 北京:经济科学出版社, 2006.

[162] 沈维涛, 林燕, 黄兴李. 金融危机、财务灵活性与公司投资 [J]. 厦门大学学报 (哲学社会科学版), 2014 (5): 147-156.

[163] 宋常, 刘笑松, 黄蕾. 中国上市公司高额现金持有行为溯因: 融资约束理论抑或委托代理理论 [J]. 当代财经, 2012 (2): 121-128.

[164] 苏卫东, 王娜. 上市公司实际控制人与财务可持续增长 [J]. 山东大学学报 (哲学社会科学版), 2016 (3): 140-149.

[165] 孙光国, 郭睿. CFO内部董事有助于董事会履行监督职能吗? [J]. 会计研究, 2015 (11): 27-33.

[166] 孙进军, 顾乃康. 现金持有量决策具有战略效应吗? ——基于现金持有量的平均效应与区间效应的研究 [J]. 商业经济与管理, 2012 (3): 85-96.

[167] 孙铮, 刘凤委, 李增泉. 市场化程度、政府干预与企业债务期限结构——来自我国上市公司的经验证据 [J]. 经济研究, 2005 (5): 52-63.

[168] 王爱群, 唐文萍. 环境不确定性对财务柔性与企业成长性关系的影响研究 [J]. 中国软科学, 2017 (5): 186-192.

[169] 王福胜, 程富. 管理防御视角下的CFO背景特征与会计政策选择——来自资产减值计提的经验证据 [J]. 会计研究, 2014 (12): 32-38.

[170] 王立彦. 从总会计师到CFO [J]. 中国管理会计, 2019 (3): 64-71.

[171] 王满, 许诺, 于浩洋. 环境不确定性、财务柔性与企业价值 [J]. 财经问题研究, 2015 (6): 130-137.

[172] 汪金祥, 吴育辉, 吴世农. 我国上市公司零负债行为研究: 融资约束还是财务弹性? [J]. 管理评论, 2016 (6): 32-41.

[173] 王兴山. 数字时代的CFO: 新角色与新责任 [J]. 中国管理会计, 2019 (3): 50-61.

[174] 王志强, 张玮婷. 上市公司财务灵活性、再融资期权与股利迎合策略研究 [J]. 管理世界, 2012 (7): 151-163.

[175] 温忠麟, 张雷, 侯杰泰, 刘红云. 中介效应检验程序及其应用 [J]. 心理学报, 2004 (3): 614-620.

[176] 吴江龙. CFO "三力" 特征与软职能关系研究 [J]. 财务与会计, 2011 (2): 60-61.

[177] 希金斯. 财务管理分析 (第10版) [M]. 沈艺峰等译. 北京: 北京大学出版社, 2015.

[178] 向锐. CFO财务执行力与企业过度投资——基于董事会视角的分析 [J]. 会计研究, 2015 (7): 56-62.

[179] 向锐，王颖颖．CFO兼任董事与企业内部控制质量［J］．金融学季刊，2019（4）：185-207.

[180] 肖忠意，林琳，陈志英，等．财务柔性能力与中国上市公司持续性创新——兼论协调创新效应与自适应效应［J］．统计研究，2020（5）：82-93.

[181] 谢珺，翟佳丽．CEO职业生涯关注与公司业绩波动性——来自我国上市公司的经验证据［J］．山西财经大学学报，2017（7）：72-83.

[182] 徐思，何晓怡，钟凯．“一带一路”倡议与中国企业融资约束［J］．中国工业经济，2019（7）：155-143.

[183] 徐细雄，李雪，李万利．CFO能力与公司现金持有：基于高阶梯队理论的系统考察［J］．现代财经，2018（11）：130-145.

[184] 薛爽，都卫锋，洪昀．CFO影响力与企业税负水平——基于企业所有权视角的分析［J］．财经研究，2012（10）：57-67.

[185] 杨柳，潘镇．财务柔性与企业绩效的动态关系——基于融资约束与代理成本的调节效应分析［J］．经济与管理研究，2019（4）：125-144.

[186] 杨继东，刘诚．高管权威影响公司绩效波动吗［J］．经济理论与经济管理，2013（8）：72-83.

[187] 杨晓华．中外首席财务官（CFO）职能定位发展综述［J］．华东经济管理，2007（5）：61-64.

[188] 杨兴全，吴昊旻，曾义．公司治理与现金持有竞争效应——基于资本投资中介效应的实证研究［J］．中国工业经济，2015（1）：121-133.

[189] 叶康涛．会计与经济高质量发展［J］．会计之友，2019（22）：2-9.

[190] 俞雪莲，傅元略．CFO背景特征、内部控制和公司财务违规——基于Logistic模型的实证研究［J］．福建论坛（人文社会科学版），2017（2）：74-80.

[191] 余玉苗，杜天然．财务总监的专业能力、薪酬激励与现金持有效率［J］．会计论坛，2017（1）：26-44.

[192] 袁建国，范文林，程晨，等．CFO兼任董事能促进公司提高投资效率吗?——来自中国上市公司的经验证据［J］．管理评论，2017（3）：62-73.

[193] 曾爱民，傅元略，魏志华．金融危机冲击、财务柔性储备和企业融资行为——来自中国上市公司的经验证据［J］．金融研究，2011（10）：155-169.

[194] 曾爱民，张纯，魏志华．金融危机冲击、财务柔性储备与企业投资行为——来自中国上市公司的经验证据［J］．管理世界，2013（4）：107-120.

[195] 翟淑萍，毕晓方，王玥．战略差异、CFO财务执行力与企业信用评级［J］．山西财经大学学报，2018（11）：95-109.

[196] 张敦力，李四海．社会信任、政治关系与民营企业银行贷款［J］．会计研

究，2012（8）：17-24.

[197] 张会丽，陆正飞. 现金分布、公司治理与过度投资——基于我国上市公司及其子公司的现金持有状况的考察 [J]. 管理世界，2012（3）：141-150.

[198] 张改清，祁怀锦. 宏观政策调整下企业社会资本与财务弹性储备决策 [J]. 当代财经，2017（1）：123-132.

[199] 张庆龙. 新时期CFO的角色与胜任能力研究 [J]. 商业会计，2020（12）：4-9.

[200] 张玉明，陈前前. 会计文化与中小上市公司成长的实证研究——基于创业板的经验数据 [J]. 会计研究，2015（3）：20-25.

[201] 赵华，张鼎祖. 企业财务柔性的本原属性研究 [J]. 会计研究，2010（6）：62-69.

[202] 朱武祥，陈寒梅，吴迅. 产品市场竞争与财务保守行为——以燕京啤酒为例的分析 [J]. 经济研究，2002（8）：28-36.

[203] 祝继高，陆正飞. 货币政策、企业成长与现金持有水平变化 [J]. 管理世界，2009（3）：152-158.

后记

抚文揣味，掩卷而悟，思绪万千。选择了飞翔，你总能看到蓝天；选择了远航，你总能感受大海。人生不仅要做出选择，也要坚持住自己的选择。心之所向，素履以往，生如逆旅，一苇以航。2016年的秋天，踌躇满志的我怀揣着满腔热情和热血踏上了大连这座美丽的海滨城市，星海湾畔、尖山脚下，开始了我的学术生涯。

问渠哪得清如许，为有源头活水来。在“中国会计教育的翘楚重镇”——东北财经大学会计学院的平台上，接受了会计研究方法的系统训练。参加了多次高端学术会议盛宴，享受到全国会计名家的学术讲演，参加了多场会计与财务论坛，聆听过海内外著名会计学者的精彩报告，深深地被他们的人格和追求学术的情怀所感动，我的思想和灵魂也受到一次次洗礼和震撼。

落其实者思其树，饮其流者怀其源。感谢恩师陈艳教授，所幸得以忝列门下，使我人生得以蝶变。恩师不嫌弟子之愚钝，悉心指导，知遇之恩，感怀终生。感谢东北财经大学会计学院方红星教授、孙光国教授、刘行教授等所有教授过我的专业课老师，他们纲举目张的清晰思路、严丝合缝的逻辑论证令人叹为观止。经过4年的钻研，我完成了自己的博士论文，论文的形成离不开他们的学术引导。感谢在开题答辩和预答辩过程中孙光国教授、姜英兵教授、常丽教授、刘凌冰教授、张晓东教授以及每次匿名评审专家对开题报告和论文稿提出许多富有洞见的建设性意见，促使我的论文做得日臻完善。感谢在正式答辩中中国人民大学支晓强教授、厦门大学杜兴强教授以及刘行教授、常丽教授、甄红线教授对我论文的肯定与指导。

哪有什么岁月静好，只是有人在为你负重前行。感谢我的家人多年来的理解、包容和奉献，鼓舞着我不断前行。春去秋来、流年似水，我常年不在他们身边，父母双亲时常给予精神鼓励；岳父岳母为我女儿整日劳顿，让我心无旁骛，游学他乡；特别感谢我的爱妻，将人生最美好的年华化成多年孤独的等待，独自承担教育辅导孩子和操持家务的重任，可谓含辛茹苦，一路为我披荆斩棘，在我人生的最低谷托起了我的脊梁。

莫道浮云终遮日，严冬过尽绽春蕾。感谢母校东北财经大学让我收获人生别致的风景，拥抱碧海蓝天，徜徉烂漫樱海，浸润银杏叶黄，抹不去的尖山街217号，从此秉承“博学济世”之校训，留下最珍贵的“东财·会计印记”。

此外，东北财经大学出版社的李彬主任对本书的出版多方策划，付出了很多精力，在此表示衷心的感谢。

心有所信，方能行远。也希望自己继续保持奋进求索的不竭动力，能攀登更高的学术之山，走更远的研究之路。

高智林

2021年12月

索引